MARIA ALICE PROENÇA

O REGISTRO E A DOCUMENTAÇÃO PEDAGÓGICA

ENTRE O REAL
E O IDEAL...
O POSSÍVEL!

3ª impressão

PANDA
educação

© Maria Alice Proença

Direção editorial
Marcelo Duarte
Patth Pachas
Tatiana Fulas

Coordenação editorial
Vanessa Sayuri Sawada

Assistentes editoriais
Henrique Torres
Laís Cerullo
Samantha Culceag

Consultoria pedagógica
Josca Ailine Baroukh

Projeto gráfico
Marcello Araujo

Ilustração de capa
Veridiana Scarpelli

Diagramação
Vanessa Sayuri Sawada

Preparação
Beatriz de Freitas Moreira

Revisão
Cristiane Fogaça
Valéria Braga Sanalios
Tássia Carvalho

Impressão
Loyola

CIP – BRASIL. CATALOGAÇÃO NA PUBLICAÇÃO
SINDICATO NACIONAL DOS EDITORES DE LIVROS, RJ

P957r
Proença, Maria Alice
O registro e a documentação pedagógica: entre o real e o ideal... o possível! / Maria Alice Proença. – 1. ed. – São Paulo: Panda Educação, 2022. 264 pp.

ISBN: 978-65-88457-06-1

1. Educação Infantil. 2. Professores de Educação Infantil – Formação. 3. Prática de ensino. I. Título.

21-73449
CDD: 372.071
CDU: 373.2(07)

Bibliotecária: Camila Donis Hartmann – CRB-7/6472

2023
Todos os direitos reservados à Panda Educação.
Um selo da Editora Original Ltda.
Rua Henrique Schaumann, 286, cj. 41
05413-010 – São Paulo – SP
Tel./Fax: (11) 3088-8444
edoriginal@pandabooks.com.br
www.pandabooks.com.br
Visite nosso Facebook, Instagram e Twitter.

Nenhuma parte desta publicação poderá ser reproduzida ou compartilhada por qualquer meio ou forma sem a prévia autorização da Editora Original Ltda. A violação dos direitos autorais é crime estabelecido na Lei nº 9.610/98 e punido pelo artigo 184 do Código Penal.

O ato de estudar demanda humildade. Estudar é uma forma de re-inventar, de re-criar, de re-escrever, tarefa de sujeito e não de objeto.

Ai de nós, educadores e educadoras, que pararam com sua capacidade de sonhar, de inventar a sua coragem de denunciar e de anunciar.

Paulo Freire

Sumário

7 Introdução

12 **Para começar a conversa... Em busca das matrizes pedagógicas**
24 Do início da investigação à elaboração das questões norteadoras do percurso de registrar

31 **As matrizes pedagógicas**
31 A construção da autonomia intelectual, da reflexão e do questionamento como capacidade de se autogovernar, além da responsabilidade de "aprender a aprender a ensinar"
38 Narrativas da memória como forma de expressão individual, grupal e da autoria: lembranças do coração e lugares da memória
43 Autoria como identidade e criação do sujeito: protagonismo da própria história
46 Sócios íntimos: o papel do(s) outro(s) na teoria de Wallon
48 À procura de parcerias teóricas
54 Em busca de definição e formas de registro: a escrita reflexiva como espelho da prática pedagógica do sujeito-educador
55 Características fundamentais em relação à escrita
67 Registros da minha história como professora de Maternal

72 **Nossa história de educadores: a articulação de múltiplas vozes na construção do grupo e da cultura de registrar na Educação Infantil**
72 A concepção de criança, de rotina e de projeto pedagógico
79 O contexto do grupo e a apropriação da cultura de registrar
83 O papel da coordenação pedagógica e a construção do grupo: a mediação interativa e dialogante na formação permanente em serviço

132 **O registro reflexivo: das lembranças da memória e do coração (*Amarcord*) à investigação pensante e questionadora da própria prática pedagógica**
133 A análise dos tipos de registros/diários: a constituição do sujeito--autor, a documentação, desdobramentos das histórias de grupo e projetos interdisciplinares

145 As categorias de análise dos registros
147 Os registros das educadoras, o desenvolvimento pessoal, profissional e a construção dos projetos interdisciplinares na Educação Infantil
216 A formação em serviço e o desenvolvimento profissional docente

231 Documentação e registro: reflexões da prática docente

246 Considerações finais

257 Referências bibliográficas

INTRODUÇÃO

Este livro tem como foco a formação de educadores, a qual se faz ao longo da sua história pessoal e profissional: da formação inicial à permanente em serviço, tanto individualmente quanto em grupo, de modo a fortalecer uma cultura do coletivo na instituição.

A formação de professores/educadores é vista como uma constituição de identidade, de autoconhecimento, conhecimento profissional fortalecido no grupo de trabalho. O livro relata um processo formativo de professores da Educação Infantil por meio da apropriação de duas potentes ferramentas/instrumentos de trabalho: o registro reflexivo e a documentação pedagógica. Essa formação foi construída em serviço, com a intenção de provocar mudanças para desenvolver, nos educadores, cada vez mais, o desejo de aprender a ensinar com autonomia, encantamento e clareza de suas propostas. Dessa maneira, eles puderam construir situações de aprendizagem que contemplassem os interesses e as necessidades das crianças e de seus grupos.

A pesquisa aqui relatada tem sua origem na elaboração da minha dissertação de mestrado *O registro reflexivo na formação contínua de educadores: tessituras da memória na construção da autoria*. *"Amarcord"* (PROENÇA, 2003), ampliada pelo meu trabalho como coordenadora pedagógica em duas escolas de Educação Infantil, nos grupos de pesquisa que coordeno (GEP – Grupo de Estudos sobre Projetos na abordagem de Reggio Emilia, fundado em 2008), e nas aulas e orientações que faço aos alunos de pós-graduação em cursos *lato sensu*, nos quais sou professora. Ao trabalho de formação com registros reflexivos, incorporou-se o de documentação pedagógica, simultaneamente à construção de projetos na abordagem italiana de Reggio Emilia, coordenada por Loris Malaguzzi.

    O livro se divide em duas partes: a primeira se refere à construção do conceito de registro, sua tipologia e características, possibilidades de uso e recortes ilustrativos de diários e cadernos das professoras, além da narrativa do processo de apropriação da cultura de registrar o cotidiano na escola. A segunda parte aborda a documentação pedagógica, tanto na definição e construção do conceito quanto nas suas características, funções e possibilidades. Ambos os instrumentos são potencializadores da reflexão dos educadores na qualificação da profissão docente. A escolha dessas ferramentas se deu pela importância atribuída ao seu uso no cotidiano das escolas, além da sua relação com os projetos de trabalho na abordagem de Reggio Emilia (PROENÇA, 2018). Vale destacar que muitos outros meios e estratégias de trabalho também qualificam a prática pedagógica reflexiva intencional, mas essa é outra história, outra pesquisa... O convite está feito para a narrativa dos percursos formativos. Vamos acompanhar?!

O registro da própria história é como um "tempo de balanço" do próprio percurso e do cotidiano.

Pierre Dominicé

A verdadeira viagem se faz na memória.

Marcel Proust

As lembranças se apoiam nas pedras da cidade.

Ecléa Bosi

Vida de educador... Vida de educando...
Maria Alice Proença

REFLETIR
REORGANIZAR
REPENSAR
RECOMEÇAR
REPOSICIONAR-SE
RE-DIMENSIONAR-SE
RETOMAR
RELER
RELACIONAR-SE
REPERCURTIR
RECORDAR
RELEMBRAR
REMEXER
REPRESENTAR-SE
RE-CONHECER-SE
RE-ALIMENTAR-SE
REFERIR-SE
RE-PLANEJAR

RE-ESCREVER
RE-APROPRIAR-SE
RE-ELABORAR
RECOLOCAR-SE
RECONCILIAR-SE
REIVINDICAR
REORIENTAR-SE
REINVENTAR
REUNIR
RECONSIDERAR
REGISTRAR
RE-EDUCAR-SE
RE-AVALIAR-SE
RE-CRIAR-SE
RESSIGNIFICAR-SE
CORPO QUE **RE-NASCE**
TRANSFORMA-SE...

PARA COMEÇAR A CONVERSA... EM BUSCA DAS MATRIZES PEDAGÓGICAS

*Mestre não é quem sempre ensina,
mas quem de repente aprende.*

Guimarães Rosa

Histórias da minha história, que se cruzam com outras histórias e, juntas, compõem a narrativa deste livro, que conta a trajetória da formação de educadores da Educação Infantil a partir da construção da cultura do registro e da documentação pedagógica.

Após pensar em diversas possibilidades para iniciar a narrativa do projeto de construção do trabalho com registro reflexivo e documentação pedagógica na formação contínua de educadores do grupo que eu coordenava – era assessora e formadora na Educação Infantil –, fiz a opção pela busca de minhas matrizes pedagógicas, por meio de um relato sequencial, linear e cronológico, dentro do possível, de reconstrução dessa trajetória.

A opção se deu pela possibilidade de mapear o percurso feito, com questionamentos, dúvidas, conquistas, parcerias, erros, retrocessos e desafios inerentes aos processos de construção de novas possibilidades de trabalho docente. À medida que busco a ponta do fio condutor ao vasculhar a memória, tenho a possibilidade de tomar consciência de marcos referenciais ao longo do processo, de clarear as escolhas, atribuindo sentido à construção do conhecimento como um processo de conexões significativas entre passado e presente, que tecem saberes e fazeres pedagógicos nos percursos formativos.

Destaco, da minha formação inicial montessoriana, a metodologia de ensino por meio da pesquisa para construir conhecimento como uma referência significativa, na qual a iniciativa individual, a liberdade para escolha do material a ser utilizado, a aprendizagem por interesse, a construção da autonomia e o respeito ao tempo de cada sujeito são marcas positivas. Como faltas e incômodos ficou o silêncio no ato de estudar e a falta de socialização das descobertas, além de poucas trocas de experiências e a exigência dos professores para que não houvesse diálogos no decorrer das aulas.

Acredito que minha escolha de ser professora aconteceu na infância, no quintal de casa e da memória, pois minhas brincadeiras preferidas sempre foram as de escolinha e de casinha, com muitas crianças pequenas representadas pelas bonecas que eu adorava. Esses momentos de diversão foram recheados com muitas músicas, danças, dramatizações, situações imaginárias características do faz de conta da faixa etária da Educação Infantil, todas elas permeadas por narrativas de muitas histórias. Eu lembro que sempre guardei meus cadernos com um carinho especial na minha escrivaninha cor-de-rosa, encapando-os com fotos de rosas em folders que meu pai, médico, ganhava como propaganda dos laboratórios dos novos medicamentos. Junto aos cadernos, escondido na gaveta, havia um diário, em que registrei a trajetória da adolescência, com suas emoções exacerbadas nas alegrias e nos conflitos das situações do cotidiano, sempre documentadas com alguma lembrança em especial: um bilhete, um papel de bombom, de carta, uma poesia... Memórias do coração que estão sempre presentes nas tramas da vida.

Estagiei durante o curso de Magistério e fui contratada como professora auxiliar de uma sala de Maternal[1] de uma escola particular de São Paulo por um ano, efetivada como titular no ano seguinte. Pude construir algumas matrizes pedagógicas piagetianas, que me orientam até hoje: o sujeito constrói o conhecimento ao interagir de forma ativa e curiosa com os objetos e com o meio que o rodeia, modificando suas estruturas de pensamento e agindo sobre este mesmo meio no qual está inserido.

Na década de 1970, comecei a ler atentamente os textos de Piaget e, cada vez mais, certifiquei-me da riqueza das descobertas da criança nos períodos sensório-motor e pré-operatório. Nessa idade, a criança vive intensamente seu ingresso em um mundo simbólico, que lhe possibilita dar sentido ao real. Constatei de que minha escolha profissional seria a pré-escola (nomenclatura usada na época), em especial pelos primeiros passos escolares: a escola Maternal, considerando a criança em toda a riqueza e especificidade do zero aos seis

---

[1] Maternal era a nomenclatura utilizada para Educação Infantil, anterior à Lei de Diretrizes e Bases (LDB) 9396, de 1996.

anos, tal período não mais visto apenas como preparatório para a "escolaridade de fato": "a Lei de Diretrizes e Bases da Educação Nacional 9.394/96 estabelece, pela primeira vez na história de nosso país, que a educação infantil é a primeira etapa da educação básica" (BRASIL, 1998).

Desde o primeiro contato com a sala de aula, tive a certeza da minha escolha profissional e a clareza da preferência apaixonada por crianças pequenas: pela proximidade e fortalecimento dos vínculos afetivos que elas oferecem; pela riqueza, alegria e potência de seus comentários espontâneos; pela curiosidade e interesse que demonstram por conhecer o mundo à sua volta; pela disponibilidade e abertura com que se relacionam com adultos e com outras crianças que, igualmente, se disponibilizem a acolhê-las. Da mesma forma, tive a convicção de que a relação pedagógica não poderia ser espontaneísta, mas baseada na clareza da intencionalidade de cada proposta feita.

A competência profissional é pautada em estudos, leituras, pesquisas e muitas trocas de ideias e práticas cotidianas. O professor, tal como a criança, precisa vivenciar as experiências, possibilidades e sentimentos, tais como ousadia e curiosidade diante do desconhecido; fortalecimento de vínculos com seus pares e consolidação de um grupo com interesses semelhantes voltado para um determinado fim; vivência de conflitos e alegrias no cotidiano como fonte de experiências; e o prazer de brincar, de explorar palavras, objetos e demais sujeitos presentes, pondo-se em jogo nas relações vivenciadas no cotidiano da escola.

Com a necessidade de ampliar meu referencial teórico sobre o construtivismo, algumas ideias de Piaget clarearam-se com cursos, leituras, reflexões e fizeram-se presentes em minhas matrizes pedagógicas, norteando minha trajetória de educadora, tais como: a criança só aprende a fazer, fazendo; o conhecimento é fruto de sucessivas recriações; todas as vezes em que um adulto fizer por uma criança o que ela já tenha condições de fazer sozinha, irá privá-la de aprender; o educador é indispensável em todas as etapas do processo de ensino-aprendizagem, não só como mediador para criar situações problema desafiadoras às crianças, mas também como organizador do ambiente, selecionador de materiais e fomentador de diálogos que provoquem desafios e pensamentos sobre determinada questão, como estimulador das pesquisas e do esforço das crianças na busca e elaboração de respostas – sendo, portanto, um mediador da construção do conhecimento em diferentes momentos do cotidiano e um propositor de contextos de investigação.

A filosofia construtivista piagetiana acompanhou-me nesse percurso profissional, em especial a premissa de que o sujeito constrói o conhecimento por meio de sucessivas interações com o ambiente que o cerca e da experimentação de objetos culturais: a criança, ao manipular os objetos, explorando-os sensorialmente; e o adulto, ao apropriar-se da cultura, como ao usar seus códigos de comunicação, tais como a leitura e a escrita. O sujeito também constrói conhecimento ao ser desafiado diante de conflitos cognitivos para os quais não disponha de recursos para atuar e tenha que reconstruir seus esquemas de ação.

A ideia de que o indivíduo tece sua história enquanto ser social – que faz parte de uma cultura contextualizada historicamente, que tem seu tempo e seu espaço –, a qual precisa ser documentada para deixar marcas, raízes e ser compartilhada com outros sujeitos, levou-me à graduação como historiadora, fortalecendo a apropriação de conceitos como registro, indícios, pistas, documentação e a memória dos processos como constituintes da história individual e social dos sujeitos.

Do curso de história, pude extrair duas vertentes de estudo:

- a da memória viva, narrada pelos sujeitos-professores das disciplinas da graduação, ilustrada e enriquecida com seus pontos de vista sobre o objeto de estudo em foco, fruto de seus recortes enquanto sujeitos historiadores e pesquisadores; e
- a da história como acervo cultural, documentada por livros, fotografias, jornais, revistas, diários, bilhetes, obras de arte, objetos encontrados em sítios arqueológicos e demais fontes históricas.

As aulas eram dinâmicas, com muitos debates decorrentes de leituras, confrontos entre diferentes pontos de vista, trabalhos e pesquisas preestabelecidas, que serviam como referenciais para se pensar o passado à luz do presente. Isso incutiu em mim a importância da ressignificação de fatos vividos como consequência de reflexões e encontros de trocas de ideias, além dos vários tipos de documentação como material de investigação para reflexão sobre o vivido.

No meu dia a dia como professora, pude cada vez mais valorizar as descobertas espontâneas das crianças, a atenção e o respeito aos seus ritmos de trabalho, a presença do grupo na mediação das aprendizagens do sujeito e a importância de intervenções oportunas do professor na construção do conhecimento.

Em 1987, participei de um curso com Madalena Freire, que me introduziu na problemática desafiadora do registro escrito sobre o cotidiano. A leitura do livro de Madalena – *A paixão para conhecer o mundo* (1983) – mostrou-me a potencialidade do trabalho de formação com os relatos construídos no dia a dia e do processo de elaboração coletiva do planejamento – bem diferente do que eu trabalhava na época, na escola particular.

Um novo marco na ampliação de minhas matrizes pedagógicas interacionistas foi o contato com as ideias de Henri Wallon, que me certificaram da importância da observação contextualizada da criança. Ele destacava a necessidade de registros do cotidiano para que os dados percebidos não se perdessem; a crença no indivíduo como um ser geneticamente social, com necessidade de comunicar-se e de estabelecer trocas com seus pares, que Wallon considera como "sócios íntimos", essenciais à sua sobrevivência e à estruturação do psiquismo; a interação como uma ação fundamental para estabelecer relações com o meio e com os outros indivíduos, como uma consequência não só dos mecanismos de integração, mas também de contradição; além da importância do corpo, da emoção e da afetividade na construção das relações humanas.

A pesquisa interdisciplinar surgiu como uma ruptura com o trabalho fragmentado das disciplinas – forma vigente no planejamento da escola, que eu havia elaborado nos anos 1980: dezesseis quinzenas por ano, compostas por cinco aulas cada uma, abrangendo as oito áreas de trabalho (denominações usada na época), com atividades em sequência previamente estabelecida. Aos poucos, pude perceber, por meio dos meus registros de propostas com as crianças, que havia uma discrepância entre o planejamento disciplinar institucional, o tempo cronológico correspondente a cada área e a realidade interdisciplinar na qual as atividades eram construídas de fato, por meio de narrativas historiadas, brincadeiras, jogos e muitas interações espontâneas ou planejadas intencionalmente.

Como fazer um planejamento que atendesse aos interesses e às necessidades reais das crianças, sem um tempo determinado para cada disciplina, e que abarcasse a proposta pedagógica da escola? Pude perceber, nesses longos anos com meus grupos de Maternal, de crianças de dois e três anos, que o que determinava o grau de interesse delas era a possibilidade de participação corporal nas atividades propostas; de informações partilhadas nas rodas de conversa; de brincar e de se movimentar; além da imersão em histórias dramatizadas que as envolvessem com o tema proposto e dessem vazão ao pensamento simbólico. Assim, elas compartilhavam situações nas quais eram protagonistas, com outras em que eram coadjuvantes das propostas vivenciadas. De fato, o que as envolvia era a possibilidade de pôr as mãos na massa, explorar os objetos com todos os seus sentidos, no tempo de seu interesse.

Uma nova tarefa desafiadora me foi lançada pela nova coordenadora na época: a elaboração de um planejamento integrado, que articulasse as várias áreas. Mesmo sendo desenvolvido por quinzenas, não mais era necessário fazê-lo aula por aula, para que fosse tecido por meio de histórias com temas do interesse das crianças, a partir dos registros que eu havia feito com meu grupo. Apesar de o caminho seguir o previamente traçado, o planejamento era narrado através de histórias que contemplavam temas pertinentes à faixa etária: família, casa, animais, alimentos, plantas, brinquedos, vestuário, tempo, cores, formas geométricas e outros mais. Mesmo assim, pude perceber que o que se planejava antecipadamente nem sempre se adequava ao interesse do grupo, nem a algumas necessidades das crianças, pois o inesperado não se submetia à rotina previamente estabelecida.

O planejamento – que para mim é uma forma de organização do dia a dia na escola, uma orientação prévia de trabalho em sala de aula para contemplar os objetivos institucionais propostos – não pode ser considerado um instrumento rígido, que não possa ser modificado para contemplar o inusitado e as necessidades emergentes. Se eu mudasse os passos propostos previamente, como saberia, depois de algum tempo, o que foi trabalhado de fato em sala de aula? Quais os caminhos que o grupo seguiu, ou gostaria de ter seguido, na construção do conhecimento? Novas dúvidas estavam em aberto...

Em 1996, dois novos desafios foram marcantes no meu percurso de professora/educadora: assumir a coordenação do Maternal e ingressar no curso de formação de educadores do Espaço Pedagógico com duração de três anos, sob a orientação de Madalena Freire, Mirian Celeste Martins, Fátima Camargo e Juliana Davini. A construção das funções específicas do coordenador pedagógico gerou novos questionamentos: Que caminhos seriam definidos como prioritários? Que perspectivas nortegariam esses novos rumos? Como envolver todos os participantes? Que metodologia de trabalho usar na coordenação? Como construir um grupo de trabalho? Que passos seriam trilhados com o grupo? O que competia aos professores e à coordenadora: quais os papéis e funções de cada um? Que tipo de formação desenvolver em serviço? Como viabilizá-la? Quais os instrumentos metodológicos que os educadores utilizariam no cotidiano?

Na prática, comecei a construção do meu papel de coordenadora pedagógica e educacional propondo às professoras[2] a elaboração de registros diários da prática pedagógica (o relato do percurso será narrado nos próximos capítulos), ao mesmo tempo em que fazia registros diários sobre meu fazer pedagógico: o planejamento prévio da minha agenda diária, o que de fato aconteceu, os dilemas vividos, os conflitos, as pendências, as providências a serem tomadas, quais seriam os próximos passos etc.

Partindo da premissa de que aprender é significar, deslocar-se de uma postura inicial em direção a novas perspectivas, o ato de registrar possibilitava a tomada de consciência da própria ação e servia como material individual de reflexão, capaz de transformar as práticas vigentes e criar uma cultura de grupo aprendente. A receptividade à proposta metodológica de trabalho, como em todo pro-

---

2 O grupo que coordenei era composto de professoras, tanto titulares quanto auxiliares.

cesso novo a ser construído coletivamente, contou com adesões imediatas e com algumas resistências que, gradativamente, foram se modificando diante das constatações da importância, da função e do significado desse instrumento auxiliar do educador.

Os resultados começaram a aparecer dois anos depois. Em 1998, escolhi o registro reflexivo na formação do educador como tema de minha monografia de final de curso no Espaço Pedagógico. A pesquisa foi desenvolvida sob a orientação de Mirian Celeste Martins e o tema transformou-se em uma paixão disciplinada. Uso o termo "paixão" conforme sua significação no Dicionário da Língua Portuguesa de Aurélio Buarque de Holanda (1986): "algo que provoca um entusiasmo muito vivo, uma emoção levada a um alto grau de intensidade, uma atividade ou hábito que domina nossos pensamentos". Qualifico tal paixão como disciplinada diante do esforço que uma pesquisa de implementação de algo requer; do grau de complexidade que a escrita dos registros envolve; e das dificuldades de fazer parte do mesmo contexto em que a pesquisa foi realizada, ao mesmo tempo em que me apropriava de meu papel de coordenadora do grupo.

Em março de 1999 ingressei no Mestrado da Faculdade de Educação da Universidade de São Paulo, na área temática de Didática, Teorias de Ensino e Práticas Escolares, sob a orientação da Profa. Dra. Elsa Garrido. Meu objetivo era dar continuidade à investigação iniciada, que se definiu em torno do uso de registro como instrumento de reflexão do educador na construção de sua identidade e competência pedagógica. Tal construção foi realizada com base na memória da trajetória e nas tessituras da autoria de cada professora. Interessante notar que esse fio se desenvolvia a partir de minha formação de historiadora, baseado na importância atribuída à memória, à narratividade e aos processos de reflexão sobre objetos e sujeitos em interação.

O foco do meu trabalho como coordenadora voltou-se para a formação contínua dos educadores, pois acredito que a instituição é um espaço de atualização, de troca de experiências entre professores, um lócus de reflexão permanente e de socialização de práticas pedagógicas: do que se faz, para que se faz, como se faz e com que sujeitos. A formação permanente em serviço é uma possibilidade de apropriação e conscientização dos próprios saberes e fazeres pedagógicos, cabendo ao grupo um papel primordial como facilitador da aprendizagem daqueles que dele fazem parte, fortalecendo ações cotidianas e aprendizagens significativas das crianças. A formação em serviço possibilita a articulação entre sujeitos-educadores, suas práticas cotidianas e as teorias a elas subjacentes, pois são todos aspectos indissociáveis quando se assume uma postura autônoma de formação e sua própria identidade docente.

Novos fios se entrelaçam à trama da vida, tecem as marcas singulares dessa história, que são únicas e carregadas de afeto, atribuindo sentido às tessituras da memória e da autoria do sujeito, ao assumir-se enquanto educador-autor-investigador-pesquisador-socializador da própria prática pedagógica, na construção competente e consciente da profissão docente.

Do início da investigação à elaboração das questões norteadoras do percurso de registrar

> Eu sempre gostei de contar história, porque história é que nem fio: a gente tece e o fio cresce, a gente inventa e tudo o que a gente tenta se transforma em coisa nova.
>
> Gláucia de Souza

O processo formativo de educadores abrange diversas possibilidades: envolve a construção do foco de atuação junto ao grupo e a escolha de percursos diversificados diante das múltiplas opções e das escolhas realizadas, inclusive a de saber lidar com as perdas dos caminhos não percorridos. O **registro reflexivo** na formação do educador foi o foco do meu trabalho de coordenação; optei por estudar o processo de construção da autoria docente; o aprofundamento e a clareza da intencionalidade das escolhas feitas pelos professores; e o fortalecimento da identidade profissional do professor-educador. Assim, dirijo o recorte do meu olhar para a reflexão sobre a prática pedagógica a partir da construção da **cultura de registrar** entre as professoras com as quais trabalhava. A escolha se deu pelo desejo de fortalecer as práticas autorais do grupo na construção de projetos de pesquisa interdisciplinares junto às crianças, de modo a fortalecer a organização de propostas que articulassem vivências e atividades a partir de um tema (os projetos vieram como consequência dessa opção de trabalho), metodologia de trabalho utilizada nesse momento pelo grupo.

A escolha se deu por pressupor ser o ato de registrar uma das possibilidades de o educador tomar consciência do papel que assumiu, de modo a ter clareza das próprias ideias; por ser esse um espaço para se colocar de forma aberta, pessoal, passível de mudanças, autêntica, pública e privada, simultaneamente; e, em especial, um lugar para lidar com seus conflitos, dilemas, acertos e erros. O registro também promove a conquista, por parte dos professores, de novas ferramentas para lidar com a realidade e assumir-se enquanto autor de sua história. Dessa forma, promove-se o exercício do uso de um instrumento do educador em busca de sua competência profissional, pois tanto a coordenação quanto os docentes compartilham responsabilidades no processo de ensino-aprendizagem das crianças. Durante a construção da cultura de registrar, pude constatar que as trocas com a coordenação, por meio dos registros, possibilitaram a nutrição e o crescimento dos sujeitos-educadores na qualificação da profissão docente, pois crescimento pessoal e profissional se mescla na pessoa do educador, que é responsável pelo seu percurso de formação, como afirma Nóvoa (1992).

Na investigação realizada, o registro mostrou-se, também, um espaço para lidar com o próprio planejamento, tanto com o prévio quanto com o vivido. Diante do compromisso de registrar, o professor se depara com o que realmente aconteceu naquele encontro com as crianças; ao relatar as variações diante do inesperado, bem como as necessidades, faltas, interesses do grupo e as possibilidades de continuidade, ele aguça seu olhar como observador atento aos acontecimentos cotidianos. Os registros fornecem, também à coordenação, material para intervenções e sugestões subsequentes, baseadas nas conquistas, nos dilemas e nas dificuldades de cada docente, além de ser um material compartilhado no grupo, fortalecendo uma cultura institucional do coletivo.

Foi necessário romper a resistência de algumas professoras: a acomodação, a não ousadia, o medo de arriscar, e, principalmente, o medo de assumir uma postura definida. O maior desafio é criar oportunidades para que todos possam se apropriar, conscientemente, do desejo de conhecer e enfrentar a realidade para transformá-la. É importante se perceberem autores do processo, de modo que haja uma significação do percurso de cada um, em vez de uma imposição. O papel do registro como fonte de reflexão, suas possibilidades formativas na construção da memória e da autoria do sujeito-educador puderam ser constatadas como um instrumento potente de formação pessoal e profissional, como será relatado nos próximos capítulos.

Ao buscar fontes teóricas e autores parceiros que fundamentassem minhas hipóteses iniciais, que fossem meus "sócios íntimos" – como diz Wallon – e que norteassem meus pensamentos pedagógicos, encontrei respaldo nas ideias de alguns pensadores europeus contemporâneos, como António Nóvoa (professor catedrático do Instituto de Educação da Universidade de Lisboa, Portugal), Antoni Zabala (pesquisador da Universidade de Barcelona, Espanha), Miguel Ángel Zabalza Beraza (professor da Universidade Complutense de Madri, Espanha), Isabel Alarcão (professora aposentada da Universidade do Aveiro, Portugal), além das obras escritas por John Dewey (Estados Unidos, 1859-1952), Donald Schön (Estados Unidos, 1930-1997), Philippe Perrenoud (professor da Universidade de Genebra, Suíça), Kenneth Zeichnner (professor da Universidade de Wisconsin, Estados Unidos) e Loris Malaguzzi (Itália, 1920-1994) sobre o pensamento reflexivo e registro, uma marca de identidade de cada educador, que ecoaram uníssonas em minhas reflexões.

Dentre os autores brasileiros que tratam da formação de educadores, destaco Paulo Freire (1921-1997), Madalena Freire (fundadora do Espaço Pedagógico, em São Paulo), Ivani Fazenda (professora da Pós-Graduação em Educação da Pontifícia Universidade Católica de São Paulo), Elsa Garrido (professora aposentada da Pós-Graduação da Faculdade de Educação da Universidade de São Paulo), Marina Feldmann (professora da Pós-Graduação em Educação da Pontifícia Universidade Católica de São Paulo) e Cecília Warschauer (autora de bons livros, doutorada pela Faculdade de Educação da Universidade de São Paulo), complementando-os com as publicações do Espaço Pedagógico sobre instrumentos metodológicos, e as obras da psicopedagoga argentina Alicia Fernández, que deram respostas às minhas questões sobre a possibilidade, a validade e a construção do sujeito--autor no seu processo de aprendizagem e formação, por meio dos escritos memorialísticos.

As articulações teóricas com os autores citados serão descritas no próximo capítulo, sendo as seguintes questões as que nortearam a construção da cultura de registrar: Escrever para pensar ou pensar para escrever? É possível construir a autoria através da escrita da própria prática? A memória escrita de um processo é responsável pela ressignificação do presente e pela projeção do futuro? Como se dá a evolução da formação pedagógica do professor na passagem da reprodução de modelos preestabelecidos para a criação e a autoria? Como se dá a apropriação do seu ser saber-fazer pedagógico no cotidiano da sala de aula? É possível que a escrita, mesmo com suas eventuais dificuldades, seja transformada em material de reflexão? Como se dá a construção do conhecimento na trajetória de um grupo-classe sob a intervenção do professor? Como um tema emergente do grupo pode, ou não, dar conta do planejamento proposto pela escola?

Além dessas perguntas, os conceitos centrais foram: a memória, a autoria e a escrita narrativa do professor/ educador, potencializados pelo uso do registro reflexivo. É preciso destacar que uso alternadamente os termos professor e educador, pois ambos se referem ao exercício da docência no cotidiano escolar.

A questão central do trabalho com registros reflexivos é sintetizada na expressão *Amarcord*, que significa "eu me lembro" extraída do belo texto de Mario Sergio Cortella (2002), em que ele faz referência ao filme homônimo de Federico Fellini, no qual o protagonista mergulha em seu passado e recupera a expressão *Amarcord* que, "em alguns dos dialetos da Itália, significa aproximadamente 'eu me lembro'" para se referir às lembranças armazenadas pelo coração na trajetória da própria história. O substantivo latino *cor* (*cordis* – coração) traduz o sentido de "memórias do coração", que eu atribuo ao registro reflexivo da própria prática pedagógica feito pelo educador no seu cotidiano. A premissa básica foi desmembrada em várias questões diante da multiplicidade de desdobramentos inerentes ao trabalho pedagógico, não só referentes ao eixo investigativo, mas também ao metodológico.

Como em uma corrente, um elo prende-se ao outro, clareiam-se aspectos nebulosos existentes, desencadeiam-se novas dúvidas, construindo hipóteses da leitura que fiz sobre a intervenção no grupo de professoras com as quais trabalhei.

Ao se apropriarem da própria história, das histórias que se entrelaçam e compõem "A" história do grupo, que é singular e única, a coordenadora e as professoras tecem a memória coletiva, criam e assumem os papéis de protagonistas do processo de formação e percebem-se como sujeitos-autores, que constroem conhecimentos com autonomia, envolvimento, compromisso, intencionalidade e responsabilidade. Isso comprova a eficácia e o poder de transformação dos registros na formação contínua dos educadores, ao socializar as vozes que compõem a história do grupo.

O registro escrito como fonte de reflexão subjacente dos fazeres e saberes pedagógicos dos educadores – não só para o professor em particular, mas para o grupo como um todo – potencializa a construção da documentação pedagógica, que será tema da segunda parte deste livro. Ela é outro instrumento fundamental à postura reflexiva compartilhada por educadores na abordagem de Reggio Emilia, difundida e defendida por Loris Malaguzzi, seu articulador. Tanto o registro reflexivo quanto a documentação são formas de apropriação da prática pedagógica cotidiana, que possibilitam a construção da autoria, da memória e da identidade de ser professor. Ambos permitem aos professores desenvolverem uma atitude reflexiva, decorrente do posicionamento assumido pelos valores desvelados em seus textos e em suas escolhas, que mobilizam suas atuações, contextualizando o dia a dia dos sujeitos que estão no chão da escola e a construção dos projetos em investigação com as crianças. Ao serem socializados, outros integrantes podem se apropriar do trabalho realizado, fortalecendo a cultura de grupo que, ao mesmo tempo, aprende e ensina suas aprendizagens.

Nesse sentido, para fluir e apurar a consciência do educador, o exercício disciplinado de escrever para pensar e de pensar para escrever torna-se imprescindível na construção do olhar pensante de quem se assume enquanto sujeito da própria história na vivência responsável e comprometida da profissão docente.

Tal e qual a personagem-título de *Tecelina*, o livro infantil de Gláucia de Souza (2002), a cultura de registrar narra a proximidade de ideais e valores que mesclam histórias passadas-presentes-futuras, pois:

> O que foi tecido é presente; o que foi tecido é passado [...] Tecelina tecia em ponto pedacinho, tecido em bocado. E, quando o fio acabava, criava um outro fio novo... e foi então que eu vi o que era tecer em pedacinho: era voltar e retecer, era pular pedaços, era contar os pontos e as palavras, e, depois, pular de propósito para poder recontar. (SOUZA, 2002, pp. 21-4)

AS MATRIZES PEDAGÓGICAS

Ao longo da minha trajetória, muitos teóricos e pensadores me acompanharam na construção de um conhecimento mais significativo sobre o processo de ensinar e aprender. Compartilho aqui as matrizes pedagógicas da proposta de formação permanente, apresentando algumas definições conceituais e parcerias teóricas do meu fazer enquanto formadora de professores.

A construção da autonomia intelectual, da reflexão e do questionamento como capacidade de se autogovernar, além da responsabilidade de "aprender a aprender a ensinar"

O conceito de autonomia tem como referência as ideias da psicóloga nipo-americana Constance Kamii, do professor titular de Psicologia do Desenvolvimento do Instituto de Psicologia da Universidade de São Paulo Lino de Macedo e do professor titular especialista em Psicologia Moral da Universidade de São Paulo Yves de La Taille sobre o pensamento piagetiano. Autonomia é considerada como a capacidade que o sujeito constrói de tomar decisões e de ser gerenciado por si mesmo, em um movimento de autogovernar-se. Essa atitude é decorrente de uma evolução progressiva, uma construção interna feita pelo sujeito desde a infância, a partir de sua contradição: a heteronomia (governo do outro).

Para o sujeito aprender a guiar-se por si, ele teve como referência inicial o fato de ser orientado por outrem, com os reforços e as recompensas consequentes. O autogoverno é uma aprendizagem decorrente de questionamentos que o sujeito faz sobre o mundo que o rodeia, diferenciando-se da heteronomia, em que o sujeito acredita – sem duvidar, problematizar nem criticar – em tudo o que lhe é imposto como verdade inquestionável.

O ato de perguntar pressupõe a presença do outro ou de um "sócio íntimo", mesmo que ausente (conceito walloniano que será explorado adiante): parceiro de diálogos internos, com quem, ou a partir de quem, refletimos sobre dúvidas, conflitos, certezas, ampliações de mundo e divergência de opiniões, confrontando nosso ponto de vista. Uma pergunta, feita pelo educador ou por uma criança, deve ser vista como mola propulsora para deflagrar debate ou reflexão. Para que isso ocorra, é preciso que a questão seja decorrente de uma observação apurada do educador responsável por sua elaboração, de acordo com os objetivos que pretende explorar. A pergunta também pode ser feita tanto verbalmente quanto demonstrada pela curiosidade do olhar para um objeto ou de dedos apontando em determinada direção, como fazem os bebês em suas explorações cotidianas.

Uma pergunta adequada baseia-se em observações registradas a partir do foco planejado e dos objetivos, como prioridades de aprendizagem. Ela contém o potencial de abrir janelas para o desconhecido, criar dúvidas e levar o sujeito a analisar uma situação problema com a possibilidade de provocar (trans)formação – enfrentamento e/ou posicionamento diante de um dilema ou de um confronto entre pontos de vista divergentes. Como o processo é dialético, muitas vezes a pergunta lançada por um dos membros do grupo provoca o questionamento no próprio educador, obrigando-o a rever suas certezas e a confrontar-se com a momentânea falta de respostas.

Lidar com o inusitado, com o silêncio, com a ansiedade do "não sei" nos coloca em frente à fragilidade e à incompletude do ser humano. Isso pode gerar tanto atitudes de resistência, acomodação e fuga quanto de pausa para investigação e construção de novos conhecimentos – além de ressignificação das aprendizagens previamente elaboradas. **(Trans-)formar(-se)** é atribuir novos sentidos e requer tempo de reflexão, deslocamentos de pontos de vista. Envolve evocação de aprendizagens anteriores, elaboração e ressignificação de aprendizagens, quando somos convocados a novos desafios.

Uma pergunta problematizadora, um episódio instigante, um contexto de investigação serve como "espelho", provocando no sujeito e no grupo um movimento introspectivo de busca de respostas nos próprios referenciais internos, e um movimento de expressão e de comunicação de ideias elaboradas a partir das matrizes pedagógicas pessoais e culturais do sujeito. Sujeito que se posiciona, argumenta e assume seu ponto de vista, sua visão de mundo, de criança, do humano, "mergulhando" em pesquisas significativas.

Este posicionar-se, quando assumido na inteireza de uma reflexão, propaga-se e desvela diferentes caminhos desafiantes e desafiadores, que instigam o sujeito e os companheiros. Convocados ao posicionamento dos novos desafios, buscam e constroem novas aprendizagens ao reelaborarem os significados de sua trajetória pessoal e profissional. Os atos de perguntar(-se), questionar(-se) e interrogar(-se) transformam-se, portanto, na força motriz do processo reflexivo que parte das dúvidas, da falta de respostas, do não saber e das incertezas em relação ao real, impulsionando o sujeito em direção à problematização de diferentes possibilidades.

> Pensar, ou refletir, não é [se] perder em elocubrações, análises, cálculos, infindáveis relações. Ao contrário, é estancar esse tráfego incessante de palavras e de ideias em que nos atolamos e penetrar naquilo que é invisível e desconhecido para nós, trazendo-o para a luz [...] e é só quando fica[mos] silenciosos que começamos a nos ouvir. (CRITELLI, 2002, n.p.)

Ao perguntarmos, abrimos novas possibilidades de pensamentos e ações intencionais, conscientes e significativas, movimento reflexivo que tem a observação, a escuta e o registro como ferramentas pedagógicas cotidianas. Boas perguntas são perguntas eficazes, que tocam/afetam o educador e dão continuidade a suas buscas por respostas e novas aprendizagens – pessoais e para seu grupo de crianças.

A escola tradicional não encoraja o pensamento autônomo dos aprendentes, nem os questionamentos de conhecimentos transmitidos por seus professores, pois tem como objetivo a interiorização de respostas únicas e "verdades" inquestionáveis. Tanto os educadores quanto os educandos, em seus processos de construção da autonomia intelectual e do autogerenciamento, vivenciam o movimento de verbalizar as próprias ações: diferenciam seus pontos de vista pessoais dos demais, consideram ideias e o processo vivido, posicionam-se e responsabilizam-se por seus atos e palavras – portanto, assumem(-se) como sujeitos-autores do processo de aprender e de ensinar.

Com a atitude ética de respeito ao outro, confrontos são bem-vindos na socialização de perspectivas diferenciadas, de escuta e espera para que o outro se sinta acolhido para se manifestar e se expor diante do grupo. A ética do encontro oportuniza o fortalecimento da autoestima de todos os sujeitos do grupo, condição essencial às aprendizagens, pois crianças e adultos somente se colocam diante de outros à medida que se sentem valorizados e aceitos em suas singularidades. Segundo as ideias de Loris Malaguzzi, todos são especiais e têm algo a contribuir no grupo, o que se constitui em um grande desafio à contemporaneidade, quando a homogeneidade de posturas se tornou uma meta.

A evolução da heteronomia é essencial para a autonomia intelectual: o sujeito deve participar de um grupo, no qual ele possa conviver com pontos de vista divergentes e vivenciar situações de troca de opiniões, momentos de escuta, de confrontos e de exposição de ideias. Isso ocorre nas rodas de conversa que iniciam o dia a dia da Educação Infantil, as assembleias nas escolas de Reggio Emilia, assim como nas reuniões pedagógicas semanais de professores nas escolas brasileiras. O descentramento do referencial pessoal, o diferenciar-se do outro e a busca de argumentos que justifiquem o próprio pensamento são condições favoráveis à construção do sujeito autônomo na visão construtivista, pois, para Piaget (2013), a verbalização é essencial à tomada de consciência.

Cabe ao coordenador fazer intervenções, encaminhamentos e devolutivas que provoquem a argumentação e a contra-argumentação dos docentes, encorajando-os a significarem suas representações e pontos de vista. Na concepção democrática de educação, valorizam-se perguntas e questionamentos que deflagrem novas formas de pensar a realidade. Quanto mais um sujeito se questionar, questionar o outro e dialogar com seu objeto de estudo/pesquisa, mais condições ele terá de certificar-se do próprio ponto de vista ou ressignificá-lo. Novas perguntas são gestadas nesse movimento, que atribui um valor essencial ao processo de construção de conhecimento.

Segundo Dewey (1989, apud DARSIE, 1998, p. 110), a reflexão "começa quando o sujeito se surpreende por algo, ao ter desassossego e incerteza pela ocorrência de fenômenos e posteriormente ao orientar as concepções particulares na consecução de uma tarefa", atinge graus diferentes de profundidade, complexidade e abrangência, que caracterizam a singularidade e a subjetividade do sujeito pensante. Nas palavras de Darsie, há um longo caminho de construção da reflexão entre a surpresa inicial, o estranhamento, o questionamento e a tomada de consciência do processo percorrido:

> [...] o processo de reflexão mobiliza e é mobilizado por um eixo de interesse ou conflitos maiores dos sujeitos, ou seja, a reflexão está sempre guiada por um interesse ou conflito maior [...] que varia para cada um segundo seus conhecimentos e experiências particulares, que passam então a ser os norteadores da reflexão, que por sua vez atinge seu maior grau de profundidade neste eixo [...] a existência deste eixo nos faz acreditar que a reflexão não se dá de forma aleatória, mas que esta se desenvolve progressivamente apoiada em conteúdos e experiências mais significativas para o sujeito [...] há sempre uma questão maior para a qual se busca a resposta [...] a abrangência de maior ou menor quantidade de conteúdos também varia segundo as condições prévias e atuais dos sujeitos [...] estes conhecimentos, experiências e sentimentos trazidos à reflexão são também gerados por conflitos ou interesses particulares e desenvolvem-se ao longo da trajetória [...] cuja evolução segue os mesmos princípios da evolução do interesse maior [...] (DARSIE, 1998, pp. 267-8)

A autonomia como meta da educação, tanto das crianças quanto dos professores, é uma construção evolutiva a partir de regras internas estabelecidas pelo grupo para referendar a ação dos participantes. As regras servem como referência de organização, são construções grupais que viabilizam a vida em sociedade e gerenciam os problemas emergentes por meio de soluções criativas, não de imposições externas. É essencial que as regras sejam discutidas no grupo e confrontadas por todos ao serem significadas. Na Educação Infantil, é costume referir-se às regras como combinados do grupo. A tomada de decisões deve ser compartilhada e todas as vozes consideradas para que a responsabilidade possa ser assumida, de modo que todos se sintam pertencentes ao grupo e atribuam sentido às regras norteadoras do trabalho e da convivência.

Narrativas da memória como forma de expressão individual, grupal e da autoria: lembranças do coração e lugares da memória

Eu sou o que me lembro.

Ivan Isquierdo

Eu não sabia que a minha história era mais importante que a do Robinson Crusoé.

Carlos Drummond de Andrade

A narrativa é uma forma de organização do pensamento, por meio da qual se conta algo a alguém, ressignificando os fatos de acordo com o recorte, escolha que o autor-narrador faz de sua trajetória. Ele reflete sobre a experiência vivida em determinado contexto, contando com a possibilidade de reinterpretá-la pelo distanciamento temporal dos fatos, de modo a superar a perspectiva de uma descrição que apenas relata os fatos. O discurso narrativo é elemento central para auxiliar a lembrança do indivíduo que, ao distanciar-se, reinterpreta a experiência vivida, adquirindo um referencial mais amplo, sólido e flexível para lidar com a formação alheia, em especial com as crianças, "historiando-se".

A narrativa é definida como uma ação cognitiva, verbal ou escrita, um processo de construção de significados; atua como um ritual de tecer histórias vividas, permeadas pela cumplicidade do grupo, que pode levar à tomada de consciência dos fazeres e saberes e à aprendizagem. Os fios da memória se entrelaçam e o sujeito-autor faz os recortes do real que quer estabelecer, construindo as lembranças do futuro que está se configurando. O ato de ouvir e de contar histórias orais e escritas faz parte da história da humanidade e tem o valor de perpetuar a cultura. Lembro-me das palavras de Souza (2002, p. 20), quando narra em seu livro que "Tudo o que Tecelina tecia, usava pedacinhos de linha que sobravam de outros novelos com pedacinhos que ela achava [...]".

O processo de criação do sujeito traduz-se na forma como o autor estrutura seu pensamento; articula e seleciona palavras; e compõe o texto, assumindo posicionamentos, confrontos e fatos vividos, transformando-os em registro ou documentação reflexiva de seus pontos de vista. A leitura do relato do educador transforma-se em uma experiência de cunho autobiográfico ao desvelar a experiência de formação narrada na prática pedagógica diária, atribuindo um especial valor ao cotidiano da instituição. Com essa postura do educador, o cotidiano se transforma em potencial espaço de investigações, descobertas, inusitados, maravilhamentos, pesquisas com sentido!

A memória é vista em dupla dimensão: individual e grupal, e ambas são constituintes da identidade do sujeito e constitutivas da sociedade à qual ele pertence. A narrativa é fundamental para o sujeito reinterpretar a própria história, a partir das informações de que dispõe e de seu distanciamento da situação relatada. A reconstrução da experiência vivida proporciona ao sujeito a possibilidade de, ao tomar consciência dos percursos de seu processo formativo, lidar com a formação de outros.

Os relatos das histórias de vida são memorialísticos, tanto os factuais quanto os imaginários, e o critério de veracidade de um texto é decorrente das escolhas feitas pelo sujeito-autor: das correspondências estabelecidas entre os acontecimentos, a realidade e as representações que construiu ao longo de seu percurso. Ele se baseia em suas "lembranças do coração", pois só nos lembramos do que queremos nos lembrar, recordações que são nutridas pelo imaginário do autor.

A perspectiva de quem descreve a narrativa é fundamental para a compreensão de um texto, pois é a partir de suas memórias, interpretações e história de vida que obtemos informações sobre determinado episódio: o contexto cultural, o tempo e o espaço onde teve lugar, os sujeitos que participaram. Assim, é possível reconstituir a história coletiva ou se impregnar da sua riqueza e significação. Dessa forma, é importante que registros sejam compartilhados entre sujeitos do mesmo grupo, que atribuem sentido e compreensão ao contexto narrado.

No inigualável livro de Ecléa Bosi *Memória e sociedade* (1998), a autora afirma que os recortes feitos pelo sujeito-autor têm como objetivo atribuir sentido ao que realmente foi significativo para ele: *Amarcord* – lembranças da memória e do coração que levam o sujeito a refletir sobre o que narrou, sentido similar a este conceito de memória. Para a autora, por muito que se deva à memória coletiva é o indivíduo que recorda. Ele é o memorizador das camadas do passado a que tem acesso para poder reter objetos que são, para ele, e só para ele, significativos dentro de um tesouro comum. (BOSI, 1998, p. 411)

É preciso considerar outro conceito estreitamente relacionado ao de memória: o de tempo. Há uma diferenciação entre tempo cronológico e o da memória, das experiências significativas, que permite ao narrador a aproximação a séries nem sempre correspondentes a uma sequência cronológica linear dos fatos. A temporalidade dos relatos difere da cronologia temporal linear, e possibilita ao narrador produzir uma descontinuidade ao historiar lembranças de suas vivências e de seu grupo, construindo uma nova lógica – como se fossem relatos dentro de um relato, que constroem uma nova unidade para os fatos a partir da seleção de episódios escolhidos pelo autor, da costura que faz entre eles, de acordo com os significados a eles atribuídos.

Para exemplificar a importância atribuída à memória na constituição do sujeito e do grupo, utilizo o filme *Colcha de retalhos*, que mostra a seleção de fatos significativos feita pela memória da protagonista, que recorda para recompor a própria história e os sentidos a eles atribuídos. O filme ilustra a hipótese de que as recordações são pessoais e repletas de afetividade: lembranças do coração que deixaram marcas na trajetória do sujeito. Mas como ele pertence a um grupo social, suas memórias também são coletivas, e desvelam o contexto cultural do qual ele faz parte, ou o ambiente escolar no qual atua como educador. A memória é vista como operante, repleta de vida, se exercita ao ser desafiada e estimulada diante da solicitação de recordar e refletir sobre experiências e vivências realizadas. Dessa forma, promove nova associação de ideias, ampliação ou reformulação de pontos de vistas anteriores, produzindo aprendizagens.

Segundo Vygotsky (1989), o desenvolvimento é favorecido e depende da qualidade das interações processadas e da aprendizagem na área potencial/proximal. Ele é ligado ao momento histórico em que o sujeito vive, aos instrumentos culturais disponíveis, ao uso que venha a fazer do que aprendeu, e aos desafios com os quais se confrontou; portanto, os registros das práticas culturais cotidianas na instituição são fontes de aprendizagem e de desenvolvimento, instrumentos de formação pessoal e profissional.

Para aprender, além de organizar a informação recebida por meio dos sentidos, o sujeito também tem de selecioná-la, analisá-la, processá-la e avaliá-la sob a ótica de suas matrizes referenciais de atuação. Os recortes que o sujeito-aprendiz estabelece para significar e armazenar as informações que recebe fazem parte de sua identidade cultural. Elas ecoam, fazem sentido com suas matrizes e possibilitam a construção de conhecimento, desde o sentimento de autoestima até a identidade cultural de pertencimento a determinado grupo: o dos educadores de crianças.

É fundamental que os professores abram espaço em seu cotidiano pedagógico para a retomada e elaboração de informações, para que elas possam ser significadas e transformadas em aprendizagens construídas pelas matrizes pessoais e sociais de identidade: as lembranças do coração transformam-se em matéria-prima para reflexão.

Autoria como identidade e criação do sujeito: protagonismo da própria história

> *Aprender é reconhecer-se, crer no que creio e criar o que creio. Arriscar-se a fazer dos sonhos textos visíveis e possíveis. Sendo assim, podemos definir o pensar como aquela capacidade humana de fazer possível o provável, a partir de fazer provável o desejável.*
>
> Alicia Fernández

Alicia Fernández (2001a) define a autoria como processo e ato de produção de sentidos e de reconhecimento de si como protagonista, ou participante de tal produção. Refere-se ao sujeito como autor de pensamentos, de textos, e de si mesmo. A autoria é vista como uma possibilidade de aprendizagem, quando o sujeito-educador faz perguntas para si e para o outro (no caso, o coordenador ou seus pares). Saber fazer questões, verbalizar dúvidas e anseios transforma-se em um caminho de formação, pois "saber algo não é possuir algo: é poder fazer [...]. A realidade dos saberes é a de um processo, e não a dos resultados e produtos [...]" (BEILLEROT, 1998, apud FERNÁNDEZ, 2001a, p. 48). A autora (FERNÁNDEZ, 2001a, p. 67) afirma que "a pulsão da investigação leva o ser humano a perguntar quando é criança, principalmente ao outro e, conforme vai crescendo, principalmente a si mesmo".

Para caracterizar a autoria, uso o termo "espelho", pois, da mesma forma que no ato de registrar, o sujeito-autor vê sua obra como um reflexo de si e da sua produção, o que lhe permite associar a autoria com o prazer da criação, da identidade, do pertencer a determinado contexto no qual se veja incluído; portanto, autor, e não reprodutor de histórias e episódios do cotidiano escolar.

Ser autor do próprio percurso envolve fazer escolhas, assumir responsabilidades, articular desejos e pensamentos:

> Pensar, autorizar-se a pensar, supõe autorizar-se a mudar a realidade circundante, a questionar aquilo que está a transformá-la, a incluir modificações [...] o principal do processo de aprender é conectar-se com o prazer de ser autor, com a experiência, a vivência de satisfação do prazer de encontrar-se autor. (FERNÁNDEZ, 2001, p. 176)

O ato de registrar pode ser associado a uma tessitura, pois, segundo Buarque de Holanda (1986, p. 1670), o termo se refere ao "conjunto dos sons que abrangem uma parte de uma escala geral e convêm melhor a uma determinada voz ou a um determinado instrumento, além da organização e da contextura"; portanto, algo que está estreitamente ligado ao sujeito, a um grupo e a determinado contexto, refletindo a singularidade de uma pessoa.

O exercício de registrar propicia a apropriação, a autorização e a validade do saber e do fazer pedagógico do educador, por meio de tessituras da própria história narrada cotidianamente, o que possibilita a emergência do processo de criação e autoria. Rompe, assim, com o padrão preestabelecido da reprodução de planejamentos traçados por outros, e que não estão em sintonia com o grupo.

Ao escrever a própria prática pedagógica, os fios aparentemente soltos e descontextualizados do cotidiano se unem e compõem a trama do texto, onde o sujeito-autor atribui sentido ao próprio fazer. Os nós desatam-se, o *nós* grupo se fortalece, as composições aparecem, os contextos de trabalho são reconstituídos e os autores-atores protagonistas de suas histórias são desvelados. Esse processo é impulsionado pelas interpretações das lembranças do coração de processos vividos, de experiências significativas: *Amarcord*, germes da reflexão pedagógica. Para Fernández (2001, p. 175), "todo autorizar-se é sempre uma tarefa que requer certo desafio ao que está instituído".

> Brincando descobre-se a riqueza da linguagem, aprendendo vamos nos apropriando dela. Brincando inventamos novas histórias; o aprendizado permite-nos história, ser nossos próprios biógrafos, "construir um passado para projetar-se o futuro". (AULANGNIER apud FERNÁNDEZ, 2001, p. 36)

As palavras de Aulangnier revelam a possibilidade de o professor retratar o processo vivido como historiador, biógrafo e autor que, como numa investigação prazerosa e repleta de descobertas, viabiliza a apropriação e a assunção do próprio pensamento, que se traduz em palavras articuladas sobre o recorte de seu dia a dia. Fios que se entrelaçam no cotidiano, se estruturam e tecem o texto da história do sujeito e do grupo, única e singular. Portanto, a narrativa cumpre o papel de revelar o percurso de construção da aprendizagem do educador e de seus educandos.

A passagem da narrativa para a argumentação e o questionamento da própria ação indica o surgimento de uma postura reflexiva, de um sujeito capaz de fazer comentários, dar explicações, confrontar ideias, posicionar-se diante de fatos, opiniões e valores que permeiam a prática pedagógica do educador.

Sócios íntimos: o papel do(s) outro(s) na teoria de Wallon

> *O ser humano é geneticamente social.*
>
> Henri Wallon

Segundo Wallon, o outro tem um papel fundamental na constituição do sujeito e na sua construção do conhecimento. Esse outro pode ser considerado como um "sócio íntimo", que, em um diálogo interno, respalda, autoriza e valida o pensar individual, ao mesmo tempo que o questiona e o confronta com ideias divergentes daquelas do sujeito. Portanto, quanto mais outros, mais possibilidades para estruturar seu psiquismo e refletir sobre determinadas questões.

A multiplicidade de contatos favorece a possibilidade do "eu" fazer os dois movimentos estruturantes pesquisados por Wallon (1946): o de projetar-se no outro e o de introjetar o outro em si. Assim, o sujeito estabelece uma relação dialética com a aprendizagem e amplia o referencial pessoal. A relação eu-outro é essencial no pensamento walloniano, pois, para o autor, o ser humano não sobrevive sem o outro, uma vez que é geneticamente social.

O duplo movimento de projeção e introjeção aproxima o sujeito de outros teóricos, com os quais se familiariza e compartilha uma intimidade de ideias e pressupostos teóricos, a partir dos quais elabora, fundamenta e confronta suas referências teóricas. No processo de ensino-aprendizagem, é fundamental que o sujeito se identifique com o outro, para encontrar respaldo em sua concepção de mundo e em seus pensamentos. Dessa forma, ele constrói matrizes teóricas que embasam seus fazeres e saberes pedagógicos, ou vislumbra caminhos diferentes. Como nas palavras de Paulo Freire (1996), o educador ensina e aprende simultaneamente.

Wallon também atribui especial importância ao papel de observação como metodologia de trabalho, destacando a necessidade de seu registro para análise posterior, assim como é fonte de informação essencial para a documentação pedagógica. Ela deve ser feita dentro do contexto, dos limites e das possibilidades das crianças do grupo, contando com seu aceite, do ponto de vista ético. O autor enfatiza a importância da visão educacional de conjunto, criticando a concepção vigente que fragmentava o individual e o grupal, pois "trata-se de integrar os dois polos entre os quais a educação sempre oscilou – a formação da pessoa e sua inserção na coletividade –, de maneira a assegurar a sua plena realização" (WEREBE, 1956, apud ALMEIDA e MAHONEY, 2000, p. 72).

Segundo Wallon, a formação psicológica dos docentes

> não pode ficar limitada aos livros, deve ter uma referência perpétua nas experiências pedagógicas que eles próprios podem pessoalmente realizar. O professor precisa conhecer as teorias de desenvolvimento, de aprendizagem, de personalidade que os livros ensinam, mas precisa ter uma atitude permanente de investigador do ser em desenvolvimento e de sua

> própria prática. E o conhecimento que aí adquire –
> na prática – volta para enriquecer as teorias. (apud
> ALMEIDA e MAHONEY, 2000, p. 86)

Destaco essa premissa como essencial no respaldo teórico do uso dos registros como um instrumento de reflexão e formação permanente dos educadores em serviço, justificando a escolha de Wallon como um "sócio íntimo" na conceituação deste livro.

O conceito walloniano de "sócios íntimos" será utilizado em diferentes momentos, em especial quanto ao uso do registro e da documentação pedagógica como instrumentos de formação do professor, memória e autoria de suas práticas pedagógicas. Piaget e Wallon elaboraram premissas filosóficas que, ao serem estudadas, articuladas e refletidas tendo como foco conexões possíveis com o ato de registrar, possibilitaram as tessituras dos caminhos que fundamentam a elaboração conceitual sobre **autoria**: um processo de reconstrução e criação que o sujeito faz a partir da releitura de parceiros teóricos e da articulação que estabelece com a própria prática pedagógica, à luz de seu objeto de pesquisa cotidiana mediado pelo(s) outro(s).

À procura de parcerias teóricas

Em busca de fundamentação teórica que respaldasse a trajetória do conceito de professor reflexivo e da relevância da construção de uma postura investigativa do próprio fazer pedagógico, encontro alguns fios que se entrelaçam nas ideias de Schön, Larrosa, Nóvoa, Perrenoud,

Zeichner, Alarcão, Stenhouse e Elliot, cada um deles com suas peculiaridades.

Schön (2000), baseado nas ideias de Dewey (1989), destaca os conceitos de reflexão e experiência como determinantes na formação profissional. Considera-os como um conjunto de assimilações e incorporações advindas das interações que provocam modificações mútuas, a partir do momento que o sujeito reflete sobre elas. A experiência é uma situação de aprendizagem prática significativa e, se for seguida de reflexão, oportuniza a construção de conhecimentos sobre o vivido.

Schön abre espaço à interpretação e leitura da ação a partir dos referenciais do sujeito, de seus valores e finalidades, destacando a análise e a problematização da prática pedagógica como possibilidades transformadoras. Nessa mesma vertente, Larrosa (2002) destaca o conceito de experiência como aquilo que me afeta, me toca, me atravessa; portanto, algo que faz sentido para o sujeito da ação, a partir de vivências em contextos cotidianos.

Para Schön (apud GARRIDO, 2000), as situações que os profissionais enfrentam na prática são repletas de surpresas, incertezas e desafios muito complexos e inusitados que, quando são problematizadas, podem transformar-se em aprendizagens significativas. O autor aponta a importância da explicitação da situação de conflito, seu questionamento e análise de possibilidades de superação, atribuindo destaque à verbalização do processo vivido na tomada de decisões.

Diante de situações desafiadoras, emerge o conhecimento tácito, implícito na ação do sujeito, seu repertório pessoal e profissional (conhecimento na ação). Ao significar a situação de incerteza, há uma reflexão sobre ela (reflexão na ação), o que contribui para o desenvolvimento profissional, pois amplia seu repertório de atuação. O questionamento e o relato dos caminhos percorridos diante dos conflitos profissionais tornam-se materiais de reflexão, que ampliam e enriquecem a prática com respostas diferenciadas e procedimentos mais reflexivos para lidar com novos conflitos. Garrido (2000) refere-se a algumas abordagens que Schön considera facilitadoras na formação do profissional autônomo e reflexivo:

> ouvir e dialogar; [...] explorar dilemas de profissionais em seus lugares de trabalho e discutir estudos de caso; [...] pensar e repensar os problemas vivenciados; dar espaço para o desenvolvimento de diferentes projetos a serem conduzidos em grupos, superando o individualismo e a competição, favorecendo o envolvimento e a diversidade [...]. (GARRIDO, 2000, p. 10)

Stenhouse (1987) acrescentou às ideias de Schön o conceito de professor investigador, como um questionador de seu fazer cotidiano contextualizado e documentado, que se transforma em material de análise. Junto com Elliot, "concebe o ensino como pesquisa, uma vez que ela é elaborada e conduzida pelo professor, no próprio exercício do ato de ensinar [...] a pesquisa alimenta a ação e ajuda o professor a teorizar sobre seu ensino" (ELLIOTT, 1989, apud GARRIDO, 2000, pp. 22-3). Stenhouse afirma que "o ensino é uma arte. Toda arte constitui uma indagação, um experimento. O professor é um pesquisador pelo fato de ser um artista" (STENHOUSE, 1987, apud GARRIDO, 2000, pp. 148-9).

Nóvoa (1992) enfatiza a importância da investigação da vida dos professores para que "se dê ouvidos à sua voz", pois para ele a prática pedagógica é fruto da vida do sujeito como professor e da sociedade a que ele pertence. O professor é a pessoa, concreta e contextualizada, sendo impossível a separação professor-pessoa que, para ele, constrói o seu conhecimento a partir de três fontes: os saberes disciplinares, os saberes especializados da pedagogia, e os que advêm da experiência pessoal como professor. Constituir(-se) educador, construir uma cultura docente, capaz de subsidiar o desenvolvimento profissional de um grupo de professores, constituinte e constituído pela heterogeneidade do outro, configurado pela realidade cultural e o contexto histórico-social, traduz o papel de um coordenador pedagógico.

Para Perrenoud (1993, p. 3), "a prática pedagógica é constituída de uma sucessão de microdecisões das mais variadas naturezas", obrigando o professor a "tomar uma série de decisões e priorizar situações levando em conta vários fatores e não só os conteúdos e a proposta didática, [...] lançando mão de um repertório pessoal no qual se norteia [...] como um fio condutor que se constrói na interação do professor com a sua prática" (PERRENOUD apud MORELLI, 2001, p. 46). Perrenoud (1999, p. 61) propõe um trabalho em que as situações cotidianas são problematizadas, "por serem mais interessantes e pertinentes, levarem em conta a idade e o nível dos alunos, o tempo disponível, as competências a serem desenvolvidas", sendo, portanto, passíveis de compreensão real e de aprendizagem.

Nas palavras de Zeichner (1993), a recriação da cultura escolar supõe uma concepção democrática dos processos de distribuição e produção do saber, outorgando ao processo de formação a viabilidade de desenvolvimento profissional. O autor vê a teoria com poder de autorizar, enquadrar e transformar a prática docente mediante a simultaneidade da sua mobilização com o saber da experiência construída pelo professor ao longo de sua trajetória profissional: o conhecimento emerge da prática reflexiva e democrática no processo de construção e reconstrução da prática. O professor é visto por Zeichner como um mediador ativo da tarefa permanente de reinterpretação das aquisições históricas da humanidade e responsável pela busca de alternativas socialmente aceitas para sua aprendizagem e de seu grupo.

O autor vê a escrita como uma forma de pesquisa colaborativa, um caminho de aprendizagem em conjunto, no qual se estabelece parceria entre sujeitos que ocupam lugares diferenciados (professores, coordenadores, assessores, orientadores de pós-graduação, entre outros), que se unem em torno de um projeto, como a implantação da cultura do registro em uma escola de Educação Infantil na qual eu era coordenadora, que será relatado nos próximos capítulos.

Caumo (1997, apud SORDI e CAMARGO, 2002) reafirma a necessidade de os professores exercitarem sua capacidade analítica a fim de provocarem mudanças na realidade educacional vigente, apontando a viabilidade do diálogo sobre os problemas encontrados no cotidiano como uma solução:

> procura-se uma forma de trabalho que conduza os envolvidos à independência [...] envolve: o exame criterioso do vivido, o registro dos aspectos a serem debatidos com o grupo, a valorização da atitu-

de investigativa por parte dos professores, além do compromisso com a alteração qualitativa do projeto educacional da escola. (CAUMO, 1997, p. 100)

Segundo Caumo, ao se envolverem, interrogarem e problematizarem a realidade, os professores

> deixam de simplesmente repetir ou de reproduzir conhecimentos que não lhes pertencem, para realizar possibilidades contidas na utopia [...] saltam da ação de manejo de conhecimentos para a construção de finalidade, ativando a capacidade de pensar enquanto aprendem a fazer [...] (CAUMO, 1997, p. 102)

Um dos caminhos reflexivos e transformadores possíveis aos docentes comprometidos com o exercício criativo de suas práticas pedagógicas é viabilizado pelo registro das pesquisas que fazem no cotidiano da escola, ao elaborarem seus projetos de trabalho, ação que, para Caumo,

> utiliza como método a espiral-autorreflexiva constituída de ciclos de ação-reflexão-planificação-reflexão com observação e reflexão permanentes [...] propõe uma visão dialética da realidade e [...] solicita interpretação e entendimento objetivo e subjetivo da realidade social. (CAUMO, 1997, p. 109)

Nas palavras de Alarcão (1996), a reflexão é capaz de provocar mudanças na prática do sujeito-educador considerado na sua totalidade, pois

> baseia-se na vontade, no pensamento, em atitudes, questionamentos e curiosidade, na busca da verdade e da justiça. Sendo um processo simultaneamente lógico e psicológico, combina a racionalidade da ló-

gica investigativa com a irracionalidade inerente à intuição e à paixão do sujeito pensante, une cognição e afetividade num ato específico, próprio do ser humano. (ALARCÃO, 1996, p. 175)

O ato de educar, construído na relação entre ensinar e aprender, é decorrente da interação, do diálogo, da negociação entre intencionalidades, desejos, necessidades, saberes e fazeres do professor com seu grupo. Os princípios do Projeto Político Pedagógico institucional – o PPP – são eixos de referência para toda a comunidade, numa ação de parcerias articuladas entre os sujeitos do processo educacional: diretores, coordenadores, assessores, professores, crianças, famílias e funcionários em geral.

Educar implica refletir permanentemente na busca de ressignificação de práticas construídas ao longo da vida profissional. Portanto, acarreta um movimento contínuo de socialização de ideias, troca de experiências e ampliação de referências, socialização de processos de aprendizagens significativas.

Em busca de definição e formas de registro: a escrita reflexiva como espelho da prática pedagógica do sujeito-educador

A verdadeira viagem se faz na memória.

Marcel Proust

As lembranças se apoiam nas pedras na cidade.

Ecléa Bosi

Em geral, os registros reflexivos dos professores na escola têm a função de produzir transformações, deslocamentos, provocar modificações, posicionamentos e orientar a ação cotidiana do educador. Funcionam como uma espécie de motor do planejamento do professor, uma organização do cotidiano institucional com caráter temporal e processual muito amplo, que abarca passado-presente-futuro. O professor registra o vivido ontem (dimensão retrospectiva), com um olhar de hoje e faz projeções para o amanhã (dimensão prospectiva), em um movimento integrativo da unicidade histórica, a partir do seu referencial, daquilo que ele quer narrar e registrar, revelando um processo de continuidade no percurso.

Características fundamentais em relação à escrita

A escrita reflexiva tem um caráter processual (histórico e evolutivo), com interesse expressivo e referencial. Zabalza (1994) destaca do texto de Yinger e Clark (1985) quatro características fundamentais em relação à escrita, que marcam de forma decisiva o processo de escrever:

- **Característica A** – O sujeito-escritor tem o poder de manejar as diversas formas de acesso à realidade, pois ele pensa, age e manipula imagens, representando experiências conservadas na memória imediata. Na tarefa de escrever há a atuação de ambos os hemisférios cerebrais: enquanto um trata do processo de recriação da experiência, com intervenção das emoções e da intuição, o outro se incumbe do processo de organização da experiência e estruturação da mensagem, a percepção de conjunto, o pensamento simbólico, a produção de uma síntese.

- **Característica B** – No decorrer do processo, há a produção de feedback gradativo, pois o resultado da escrita é instantaneamente presente. O processo cíclico de revisão e criação é imediato, como em um jogo de pingue-pongue, que alimenta e aprimora o fazer, com a busca de novas estratégias, diferentes recursos e adequações para atingir os objetivos propostos e poder ser significativa.
- **Característica C** – O processo de escrita exige uma estruturação pensada do significado, pois para ter a possibilidade de se tornar significativa toda aprendizagem requer que se estabeleçam conexões e relações entre a nova informação e a que já se conhece. De acordo com o pensamento de Vygotsky, o ato de escrever transita entre a zona de desenvolvimento real e a proximal do sujeito escritor, que vive um conflito cognitivo e uma busca de equilíbrio entre os processos de assimilação e acomodação descritos por Piaget ao longo de suas pesquisas. Ao escrever, o indivíduo procura estabelecer conexões, manipular informações e símbolos, de forma implícita ou explícita, conforme seus objetivos e sentimentos. O ideal é que ele não escreva de forma mecânica e inconsciente, que pense para escrever e escreva para pensar, refletindo sobre seu fazer e, ao assumir posições e tomar consciência sobre seu saber fazer, elabore hipóteses e construa suas teorias e hipóteses sobre o episódio em foco.

- **Característica D** – A escrita tem uma implicação pessoal, tanto no aspecto cognitivo quanto no motor e afetivo. Há uma interação entre olhos, mãos e cérebro, de forma a expressar em símbolos as recordações, as emoções e os conhecimentos apresentados inicialmente, de maneira diferente. É pessoal, porque é o próprio autor quem seleciona as informações e temas a serem narrados, o que define o sentido do texto e expressa a informação conforme o que faça sentido para ele, de acordo com suas escolhas, expectativas e percepções. No ato de escrever, o autor não só transporta seu pensamento para a narração escrita, mas também o faz em um ritmo próprio, conforme o recorte que fez da realidade: *Amarcord* e os princípios que orientam suas ações.

Luria e Yudovich afirmam que

> o discurso escrito implica um processo de análise e de síntese muito mais lento, repetidamente mediatizado, o qual não só torna possível que se desenvolva o pensamento desejado, mas, inclusivamente, que se volte a fases anteriores e, desta maneira, se transforme a cadeia sequencial de conexões numa estrutura simultânea e autorrevista. A linguagem escrita representa um novo e poderoso instrumento de pensamento. (LURIA; YUDOVICH, 1971, p. 118)

O fato de escrever sobre sua prática leva o professor a aprender por meio da própria narração que, diante dos desafios lançados pela coordenação, pode se tornar argumentativa. Nesse momento, o professor transforma-se em autor e construtor de suas próprias teorias, a partir de hipóteses que elabora previamente e no decorrer da ação. Ao narrar a experiência que acabou de vivenciar/investigar como parte integrante do grupo, o professor não só a constrói linguisticamente, mas também a reconstrói no nível do pensamento, como uma análise de sua atuação profissional, considerando acertos e erros. A argumentação constitui-se em reflexão sobre o saber fazer ao superar a descrição colada ao real.

> A escrita desencadeia uma função epistêmica em que as representações do conhecimento humano se modificam e se reconstroem no processo de serem recuperadas por escrito. As unidades de experiência que se relatam são descritas sob outra perspectiva, são vistas com uma luz diferente. Há uma espécie de negociação a três: eu narrador, eu narrado e a realidade. (ZABALZA, 1994, p. 95)

A partir do momento em que o escritor escreve sobre o outro, tem a possibilidade de ampliar seu ponto de vista e conhecer o outro – no caso do professor, seu grupo de referência.

Além da conquista da autoria e da documentação de uma trajetória, outro aspecto fundamental no uso dos registros é o diálogo que o professor trava consigo mesmo sobre sua atuação na sala de aula, ao escrever, ler e refletir sobre o vivido em seu dia a dia.

Os cadernos de registro caracterizam-se, por excelência, como lugares de memória, um espaço de trocas, intercâmbios, conversação e diálogo do professor consigo mesmo, com a coordenação e com os demais professores do seu grupo-escola. Assim, contribuem para o desenvolvimento profissional da comunidade à medida que são socializados, fortalecendo a cultura de grupo de educadores compromissados com a qualidade de seu desenvolvimento profissional.

Segundo Zabalza (1994), os cadernos/diários/arquivos de computador expressam um universo de transação simbólica, pois há um jogo relacional em movimento, uma verdadeira negociação de expectativas: primeiro, entre o autor e a obra, e, depois, entre o autor e o destino real ou percebido do seu produto – a coordenação pedagógica. Nas trocas, interagem evidências e percepções subjetivas, certezas objetivas e sensações pessoais, como "fantasmas e sombras" difíceis de ser solitariamente eliminados. Portanto, os cadernos de registro abrangem aspectos de uma visão integral do ser humano: cognitivos, afetivos e psicológicos, explícitos e/ou implícitos no processo do seu fazer-saber-ser pedagógicos.

Escrever os cadernos de registro é uma alternativa pessoal, não serve como instrumento de avaliação ou de coação da coordenação sobre o professor. Na etapa inicial de implantação e apropriação desse instrumento de trabalho, é preciso mostrar e provar, ao professor, sua utilidade. Isso pode ser feito através da aproximação do novo professor com os demais membros da equipe, que acreditam no valor e na importância desse material, dando o tempo necessário ao recém-chegado para a atribuição de valor ao ato de registrar. Como nos diz Piaget, a autonomia (autogoverno) é uma construção interna decorrente da heteronomia inicial (governo de outrem) que, gradativamente, vai sendo transformada à medida que se atribui sentido ao instrumento, o que requer tempo e espaço para ser significativo.

Os cadernos têm algumas funções específicas para auxiliar o professor no seu dia a dia: organizam seu fazer cotidiano através de um planejamento do que será trabalhado – planejamento prévio; do planejamento vivido, pois as situações inesperadas fazem parte do cotidiano da instituição e alteram a pauta proposta – registro do que de fato foi feito e do replanejamento – relato da sequência do trabalho em sua continuidade. Servem, também, como fonte de avaliação, pois o professor baseia-se em suas anotações ao fazer os relatórios individuais das crianças, da dinâmica de seu grupo como um todo e ao se autoavaliar, pois analisa a pertinência de suas intervenções, encaminhamentos e devoluções em função dos objetivos previstos para a atividade. Planejamento e avaliação são instrumentos metodológicos essenciais à reflexão do educador (PROENÇA, 2018, p. 46).

O fato de cadernos serem escritos proximamente ao momento em que a ação está sendo realizada, mas não exatamente no momento de sua realização, já lhes confere um sentido reflexivo, pois o olhar do professor está distanciado e não mais misturado à ação. É possível pensar sobre o vivido com mais tranquilidade e ponderação, chegando a estabelecer parâmetros adequados para julgar os acontecimentos.

Como um dos resultados da construção/implementação da cultura de registrar junto ao grupo da Educação Infantil que eu coordenava, pude notar a problemática decorrente do fato de ser um recurso que exige grande esforço do professor, que inicialmente o considera como algo a mais para fazer, fora da escola. Mesmo dispondo de um horário no período escolar para escrever os cadernos, a reação inicial de muitos professores é a de desconfiança e de resistência diante da proposta. É preciso vivenciar a experiência de registrar a própria prática para descobrir que o registro é um instrumento auxiliar de trabalho, não uma tarefa extra.

Outro problema notado é a necessidade de constância na elaboração dos registros, para que cumpram sua função e para que se possa fazer a leitura evolutiva de um percurso vivido pelo professor junto a seu grupo. Além disso, há a questão da credibilidade das informações contidas: qual a confiabilidade do relato do professor que, muitas vezes, tem um discurso diferente do que se pode notar em suas ações nos espaços de trabalho?

Após muitas situações de observação compartilhada pela coordenação, é preciso trabalhar com esse professor, em entrevistas individuais, a divergência entre seu fazer e o que escreve em seus textos. A problematização de percepções distintas diante de um mesmo episódio pode provocar a revisão de ações, o confronto de diferentes pontos de vista, a avaliação e a tomada de consciência da própria atuação, uma possibilidade de crescimento profissional por meio da reflexão compartilhada, sem julgamento valorativo.

Há, ainda, outro obstáculo: o constrangimento decorrente do fato de um recurso pessoal ser socializado. É possível contornar essa questão ao construir um vínculo sólido entre os membros do grupo e a coordenação, de modo a superar o aspecto de invasão de privacidade ao evidenciar o enriquecimento decorrente das trocas de ideias com o grupo. A identidade de cada educador é única, mas vivemos em grupo, em um mundo social, onde as interações são fonte de crescimento, desenvolvimento e ampliação de repertórios, cultura de grupo.

O ato de registrar é essencial à conscientização do indivíduo sobre o seu papel de educador, por ser o momento de reflexão sobre o que faz e como faz com seu grupo de crianças, ou de educadores. Registrar também possibilita a percepção de como distribui o tempo disponível; quais intervenções espontâneas aconteceram; quais as que havia planejado e foram possíveis; qual a dosagem entre os momentos de fala e de escuta do(s) outro(s); seus interesses e desinteresses pelas tarefas propostas; portanto, possibilita a imersão em um processo reflexivo.

O educador lida com o real e o ideal, o possível e o desejado, procurando unir interesses e necessidades de cada um dos sujeitos do grupo com o inesperado que permeia o cotidiano. Como definem Wajskop e Abramowicz (1995, p. 22), o registro – diário – pode ser um "livro, bloco, caderno, fichário, pasta... Registro escrito, rabiscado ou desenhado, que guarda as atividades realizadas durante o dia".

Mas quais são as funções do ato de registrar? Registra-se para organizar, pensar, planejar, documentar, para lidar com conflitos e frustrações, construir uma história de grupo, para ser autor, pois cada um tem sua especificidade ao construir sua trajetória. Também para analisar acertos e erros, momentos de sintonia e cumplicidade entre os membros do grupo; a falta de harmonia e o descompasso em algumas situações e o que foi feito para superá-las; além da forma como o conhecimento está sendo construído. Registra-se para planejar a rotina e ter a possibilidade de prever a forma como lidar com os conteúdos propostos no Projeto Pedagógico da instituição, além de ser fonte para a construção da continuidade das propostas em curso.

Mas como o registro do vivido e do que irá acontecer pode se transformar em fonte de reflexão? Como possibilitar que cada educador reflita sobre o que está por trás de seu registro, que apure o olhar para ler linhas, entrelinhas, as diferentes camadas que seu texto contempla, desvelando fatos explícitos e implícitos, conseguindo atribuir significado às ações de seu grupo? Como instigá-los a pensar sobre o porquê de uma atividade ter sido adequada ao interesse da faixa etária e outras não, para rever sua atuação e (re)planejar intervenções oportunas? Como perceber interesses emergentes do grupo?

Refletir implica questionar-se, posicionar-se, assumir os próprios pontos de vista, confrontar-se com a realidade, e avaliar, não só o grupo como a si mesmo, o que é difícil e nem sempre prazeroso. É mais fácil, aparentemente, esperar o dia seguinte para ver se o clima é melhor do que enfrentar mudança de postura, o que quase sempre é muito conflitante. A acomodação é fonte de segurança e de alienação para o indivíduo, que se engana e prefere não parar para pensar com receio de perder o controle da situação. Pensar implica retomar a realidade, fazer acertos e tomar decisões conscientes que causem transformações; implica pleno exercício do papel de educador.

Como provocar este movimento de tomada de consciência e abertura para ajustes e modificações em todos os sujeitos envolvidos no processo? Creio que a resposta exige uma metodologia de trabalho de formação permanente em serviço, composta pelo resgate das histórias de vida dos professores; por entrevistas individuais para discutir o cotidiano; rodas de conversa com os pares (professores que trabalham com crianças da mesma faixa etária) em reuniões pedagógicas; leituras e debates de textos instigantes; o confronto cotidiano com questões problematizadoras e desafiantes; muitos exercícios de escrita; participação em congressos e troca de experiências entre profissionais de uma mesma instituição e de instituições diferentes.

Segundo o pensamento de Piaget (2013), a inteligência nasce da ação e o indivíduo só aprende a fazer fazendo! Portanto, cabe também à coordenação a função de tornar a tarefa significativa, mesmo que inclua a cobrança respeitosa no momento inicial do processo, pois quanto mais os professores exercitarem-se, maior será a possibilidade de que possam descobrir o prazer, nem sempre tranquilo, de refletir sobre algo. É preciso lidar com as resistências sombrias de cada um, mas a importância atribuída ao registro justifica a ação.

PREMISSAS FUNDAMENTAIS DO REGISTRO PARA O SUJEITO-PROFESSOR

- Escreve para refletir;
- Observa para ter conteúdo para escrever e, posteriormente, refletir;
- Reflete para intervir;
- Intervém para favorecer a aprendizagem;
- Registra para planejar;
- Escreve para planejar e organizar sua reflexão (o pensar) e consequente intervenção (o fazer), autorregulando a própria ação;
- Registra para documentar e construir sua história – trajetória de vida;
- Distancia-se para pensar;
- Conquista sua autoria (singularidade), construída na análise sistemática da própria prática, teorizando e ressignificando-a continuamente;

- Avalia para (re)planejar os passos seguintes;
- Deve ser sempre considerado em sua totalidade, ou seja, quanto a múltiplos aspectos: cognitivos, afetivos, psicológicos, sociais, culturais. ■

O processo de elaborar registros reflexivos e argumentativos contém fases de incertezas, ansiedades, medos, desconfianças, paralisações, caos e satisfação diante das conquistas e descobertas, o que envolve esforço, disciplina, envolvimento, desejo, parcerias e tempo, pois só se faz algo "de corpo e alma" quando se atribui sentido ao que se faz.

O termo reflexivo se remete à ideia de pensamento; meditação; raciocínio; consideração atenta; observação; volta à consciência e ao espírito sobre si mesmo para examinar o próprio conteúdo, por meio de entendimento e da razão. Há, também, a conotação de espelhamento, de repercussão da imagem e de ponderação dos prós e contras, fazendo eco e ressonância, além do aspecto de ser um elemento de comunicação. O espelho permite ver a mim, dentro de mim, como um desvelamento do que estava oculto, associado ao registro reflexivo.

O registro reflexivo será considerado como instrumento metodológico, facilitador do processo de formação de professores e documento que autoriza e valida a identidade do sujeito-autor. É uma forma organizada de pensar sobre a própria prática, relembrando o vivido e documentando-o através da escrita, deixando as marcas do processo e a avaliação pessoal nele. Reflexão sobre o cotidiano, buscando acertos e erros, auferindo significados às ações passadas, dando-lhes autenticidade e concretude, planejando o futuro e atribuindo sentido às experiências vividas. Dessa maneira, transforma-se em fonte de aprendizagem pessoal e coletiva.

A concepção de formação docente que norteia esta definição é a de que educar é produzir história, produzir mudanças nas ações dos sujeitos envolvidos no processo; significar, atribuir sentido e ressignificar o ensino e a aprendizagem; além de formar cidadãos autônomos, capazes de tomar decisões conscientes, de fazer escolhas, de causar transformações e de gerenciar os próprios passos. Os registros reflexivos são um dos instrumentos do educador (no capítulo da página 231 abordarei a documentação pedagógica), instrumento que lhe permite rever seu fazer, ressignificar a integração entre o fazer-ser-saber pedagógico, articular teoria e prática, construir sua autoria através das tessituras das memórias do coração: *Amarcord*.

A reflexão, um dos componentes essenciais do registro, segundo Jakobson (1975, apud ZABALZA, 1994), projeta-se em duas vertentes complementares:

- **a vertente referencial**, que versa sobre o objeto narrado: o processo de planejamento, a sequência e o desenrolar da aula ou atividade, as características do grupo etc.
- **a vertente expressiva**, que se refere a uma reflexão sobre si próprio: alguns professores consideram o eu como ator e, consequentemente, são protagonistas dos fatos descritos; enquanto outros o fazem enquanto pessoa, portanto capazes de sentir e sentir-se, de expor emoções, desejos, intenções, ansiedades etc.

Segundo Zabalza,

> se, [em] nível geral, o diário constitui uma leitura da realidade, a componente letiva e a componente realidade lida integram-se, nessa leitura, de maneira bastante dialética. Em alguns diários, a dimensão leitora prevalece intensamente (há uma saturação da função expressiva – visão poética, analógica, autorreferências emotivas, leitura da realidade a partir de si próprio e das reações que a realidade provoca nas pessoas ou a partir de experiências pessoais análogas). Em outros diários, predomina a dimensão realidade (estão saturados pela função referencial – descrições do que faz, das atividades que se seguem, narrações objetivas de como as coisas são e acontecem na aula etc.). Há também os casos mistos em que os diários aparecem como uma mistura (com diversas proporções) conforme os dias relatados de aspectos expressivos pessoais e aspectos descritivos. (ZABALZA, 1986, p. 96)

Registros da minha história como professora de Maternal

Em setembro de 1974, como professora auxiliar de duas classes, assumi por quinze dias uma delas por motivo de viagem da titular. O grupo era formado por quinze crianças com três anos e a sala era dividida com a outra professora, que eu também auxiliava. O registro inicial se caracterizava por ser do tipo agenda, relatando a sequência de atividades a serem desenvolvidas no dia a dia, conforme o planejamento que a professora havia me dado antes de se ausentar.

> **PLANEJAMENTO DE SETEMBRO DE 1974**
>
> **Rotina da classe:**
>
> - Entrada e se sentar na linha
> - Música de "boa-tarde"
> - Observar o dia – roupa adequada
> - Bate-papo rápido sobre alguma coisa do interesse deles (TV, passeios etc.)
> - Observar experiência da planta
> - Aulinha do planejamento
> - História
> - Música
>
> Trabalho pessoal às segundas, quartas e sextas-feiras
> **Bandinha:** uma vez por semana
> **Linguagem:** dar gravuras e pedir que contem histórias (inicialmente descrevê-las); dar fantoches para brincarem; fazer teatrinho de fantoches
> **Artes:** se o tempo estiver bom, dar *finger* (massinha quente)
> **Música:** cantar as de Primavera
> **Coordenação motora:** seguir exercícios do planejamento
> **Estudos Sociais:** trabalhar as frutas. Observar o que cada um gosta.

Ao reler as anotações desse meu primeiro registro, pude perceber a falta dos comentários sobre o processo vivido, como tinha sido a relação com as crianças, a adequação do planejamento previamente traçado e sua execução naquela quinzena, além da minha satisfação e das minhas dificuldades ao assumir um grupo pela primeira vez. Algumas ficaram guardadas na memória, outras se perderam sem nenhuma documentação; com certeza, as emoções foram muito fortes, pois era algo que sempre quis e que vivi com muita intensidade!

Nas anotações de março de 1986, quando era titular de um grupo do Maternal com dezoito crianças de três anos e meio, em média, pude perceber a evolução dos registros, realizados ao longo de dez anos. Continham um leque maior de informações para análise posterior e a presença das crianças – objetivo maior do trabalho –, além de ideias embrionárias do que seria um planejamento prévio, o que foi vivido e um replanejamento. A evolução do olhar e a reflexão sobre o instrumento de trabalho apontam faltas e pontos de melhoria, que sempre me motivaram a avançar em minha postura de educadora inquieta:

REGISTROS DE MARÇO DE 1986

Planejamento prévio
Agrupar as crianças em roda e contar-lhes a história dos *Três porquinhos*, alternando a descrição das gravuras com a leitura do texto, apontando com o indicador as palavras que estão sendo lidas. Usar palavras novas e reforçar as já conhecidas. Criar situações problema para as crianças resolverem e que possam dialogar bastante. Ao fazer perguntas, usar os eliciadores: Como os porquinhos fizeram as casinhas? Onde? Para que o Prático fez a casinha dele com tijolos?

Planejamento vivido
No final, perguntei quem queria me contar a história novamente e qual das casinhas eles haviam achado mais bonita. Como estavam muito interessados, brincamos de dramatizar o lobo assoprando cada casinha e os porquinhos se escondendo embaixo das mesas. Foi uma farra! Todos participaram, menos Pedro, que ficou assustado e preferiu observar de longe.

Replanejamento
Vou continuar a brincadeira, explorando os tipos de moradia e a dramatização da história.

Na releitura de meus cadernos, pude perceber que se tornaram cotidianos e do tipo misto, conforme citação de Zabalza, mesclando os registros entre tarefas realizadas e a presença participativa das crianças.

REGISTROS

8 de agosto de 1988
As crianças voltaram das férias muito contentes e à vontade, com saudades dos amigos e, rapidamente, enturmaram-se em brincadeiras bem movimentadas e conversaram animadamente. Muitas faltaram devido ao atual surto de meningite! Às 14 horas fomos para o ateliê e as crianças trabalharam com carvão na mesa forrada, desenharam com lápis de cera no sulfite e exploraram a "adorada" massinha. Fizeram "cobras, bolas, pirulitos e sorvetes", sempre cantando; pediram várias vezes que eu cantasse a do "ta-tá-lá", dando a impressão de que queriam relembrar e nomear os colegas presentes e ausentes. Deixei-as brincarem livremente o resto da tarde, pois a prioridade do planejamento era a socialização do grupo. Quantas saudades de todas, cada uma com sua característica especial! As carriolas novas fizeram o maior sucesso!

2 de outubro de 1992
Sentei-me no murinho do pátio e contei várias histórias às crianças. Como gostam de ouvir histórias sentadas bem juntinho: olhos arregalados, boquinhas entreabertas, corpo que fala com as mãos quando comentam o que veem, vontade de tocar o livro a todo instante... Chamei a atenção para o título de cada história e para as iniciais das palavras que tinham letras semelhantes aos nomes deles. No "Patinho feio", mostrei que era a letra do Felipe, do Fernando e da Fernanda. Foi engraçado que o Fabio da outra classe passava pelo pátio e gritou que também era a letra do nome dele! É impressionante como uma letra com significado pessoal pode despertar tamanho sentimento de propriedade! Intercalei a leitura das histó-

> rias com a narração simples e cantamos várias músicas para os bichinhos que apareciam. Fiz várias perguntas ao grupo, falamos sobre cores, formas, frutas... Quando se abre espaço de escuta para a criança, cada vez mais ela faz comentários sobre diversos assuntos, expressando-se com espontaneidade e fluência (objetivos de Linguagem Oral).

A partir desse momento, certifiquei-me do valor autoformativo do registro como ferramenta de trabalho do educador, da sua importância na documentação da trajetória profissional, e como elemento essencial da construção da autoria do sujeito-educador reflexivo junto a seus grupos de trabalho.

Nos capítulos seguintes apresentarei o relato da construção da cultura de registrar junto ao grupo de professores que eu coordenava, seguido de recortes ilustrativos das várias possibilidades de registro.

NOSSA HISTÓRIA DE EDUCADORES
A articulação de múltiplas vozes na construção do grupo e da cultura de registrar na Educação Infantil

> Por muito que se deva à memória coletiva é o indivíduo que recorda. Ele é o memorizador das camadas do passado a que tem acesso para poder reter objetos que são, para ele, e só para ele, significativos dentro de um tesouro comum.
>
> Ecléa Bosi

> É fundamental a própria história para poder ouvir a história dos outros e constituir-se como sujeito presente e produtor. Mais importante do que o desejo de produzir e mudar é o comprometimento com a mudança e a criação.
>
> Marta Musetti Campos

A concepção de criança, de rotina e de projeto pedagógico

É fundamental, em qualquer trabalho pedagógico, que seja explicitada qual a imagem/concepção de criança que se tem como norteadora da proposta desenvolvida, além da clareza do porquê e para que uma criança pequena vai à escola. Há vários objetivos que permeiam o trabalho de Educação Infantil, em especial a construção da sociabilidade, da aprendizagem e da independência em prol da autonomia, além dos cuidados necessários à sua higiene, alimentação, segurança, acolhimento e afeto. Todos eles giram em torno do **educar e cuidar**, eixos essenciais propostos pela Base Nacional Comum Curricular – BNCC (BRASIL, 2018).

A criança, enquanto sujeito social, necessita fazer parte de grupos sociais diferenciados da sua família, para se apropriar de instrumentos para o convívio em sociedade. Faz isso ao interagir com seus pares, crianças da mesma idade, e com as de idades diferentes, além de professores e demais funcionários da instituição. Dessa maneira, pode construir subsídios para atuar em situações coletivas de vida em grupo, diferentemente dos papéis que já exerce em seu núcleo familiar.

Na escola, a criança tem a oportunidade de aprender a brincar e a conviver com outras, exercitar a capacidade de imaginar; de criar e dar vazão à fantasia, pois, enquanto ser simbólico, vivencia o mundo mágico do faz de conta e, brincando, internaliza, busca compreender, e expressa práticas culturais que observou no mundo real que a cerca. A imitação do outro é a forma por meio da qual ela aprende, ao conhecer e se apropriar inicialmente do próprio corpo e, mais tarde, do mundo das ideias.

Enquanto sujeito psicológico, na escola, a criança tem a oportunidade de tornar-se cada vez mais independente, segura, capaz de tomar iniciativas pertinentes à sua idade e construir, gradativamente, sua autonomia. No grupo, aprende a escolher, a selecionar e eleger prioridades, a julgar, expor seu ponto de vista, a escutar o dos outros, a posicionar-se de acordo com suas preferências. Aprende a lidar com frustrações e limites, fortalecendo o aprendizado da autoestima e de respeito a si mesma e ao outro, também aprende a ser desejante, com igualdade de direitos e deveres.

A criança, enquanto sujeito cognitivo, entra em contato de forma organizada e prazerosa com a cultura da qual faz parte, tanto como produtora quanto como usuária, apropriando-se do patrimônio acumulado pela humanidade. Nesse espaço de educação, ela pode conhecer, construir e apropriar-se de conhecimentos necessários para sua ação na sociedade, significando-os conforme suas experiências anteriores, aprendendo a aprender e a buscar fontes de informação.

Como é um ser pensante, desejante, curioso e espontaneamente questionador, vivenciará na escola desafios inesperados e os intencionalmente planejados pelos professores, que lhe possibilitarão o exercício de habilidades mentais como observar, comparar, verbalizar hipóteses, elaborar pequenas teorias e suas conclusões, expressar descobertas e conhecimentos construídos anteriormente ao seu ingresso na escola. Aprende a expor seu pensamento, a escutar, a confrontar o outro, a lidar com o que não sabe ou o que sabe de um jeito diferente, atribuindo sentido ao conhecimento que constrói baseado nas emoções que medeiam esse vínculo, desde que tenha um adulto aberto a entrar nessa relação e a criar situações desafiadoras de aprendizagens.

Ao trabalhar com crianças da Educação Infantil, é preciso considerá-las enquanto seres afetivos, com necessidades físicas e emocionais de fortalecimento da autoestima, de vínculos afetivos, de toques corporais, agrados, colo, acolhimento e muitas atenções para que se sintam especiais e possam desenvolver sua personalidade em toda sua plenitude. Em etapa de crescimento físico e de muita curiosidade, precisam movimentar-se com constância, agir e interagir com tudo e com todos os que as cercam, explorando percepções sensoriais e nutrindo seu imaginário, apropriando-se e significando as práticas culturais do contexto em que estão inseridas. As crianças devem ser consideradas pelo que são, pelas características específicas da faixa etária, por serem sujeitos de direito desde que nascem, com a beleza de suas singularidades, sem rótulos, idealizações, nem expectativas previamente estabelecidas.

A partir dessa concepção de criança, e em conjunto com os professores da Educação Infantil, foi organizada a rotina e o planejamento das atividades a serem desenvolvidas. No dicionário de Aurélio Buarque de Holanda, afirma-se que a rotina se refere aos caminhos já percorridos e conhecidos pelo sujeito que, em geral, automaticamente, obedece aos horários, hábitos e procedimentos já adquiridos e incorporados.

Na proposta educacional da escola, acrescentaria a essa definição a diferenciação entre a rotina mecânica e a rotina estruturante. A rotina estruturante é vista como uma âncora do dia a dia, capaz de estruturar o cotidiano por representar para a criança e para os professores uma fonte de segurança, organização e previsão do que vai acontecer ao longo da jornada. Norteia, organiza e orienta o grupo no espaço escolar, diminuindo a ansiedade a respeito do que é imprevisível ou desconhecido, otimizando o tempo disponível do grupo. A construção da rotina do grupo é um exercício disciplinar que envolve prioridades, opções, adequações às necessidades e dosagem das atividades no cotidiano escolar, sempre com abertura e flexibilidade para o inusitado.

A associação da palavra "âncora" ao conceito de rotina pretende representar a base sobre a qual o professor se alicerça para poder prosseguir com o trabalho pedagógico. A rotina estruturante se diferencia da mecânica por estar organizada de acordo com objetivos propostos; planejada em sintonia com o tempo disponível, as atividades diárias, as propostas intencionais; e o ritmo dos participantes ao longo da jornada diária na escola. Envolve ação, flexibilidade, limites, pois contempla a subjetividade dos elementos do grupo. A rotina estruturante permite que o educador se enraíze no previsível para lidar com o inesperado, estruturando sua ação pedagógica.

É importante que a rotina pedagógica de um grupo siga um ritual que dê subsídios à criança para prever a sequência de trabalho, como se sentar na roda para cantar as músicas de bom-dia ou de boa-tarde; nomear os colegas presentes; notar os ausentes; observar o clima; escolher o ajudante do dia; conversar sobre algum acontecimento na escola ou fora dela; e elencar as atividades do dia, ilustradas com os desenhos das crianças do grupo. A rotina acontece diariamente, com a intenção de ser uma introdução, uma apresentação do trabalho para situar o grupo, além de um momento de intimidade e acolhimento aos componentes do grupo. Baseado em sua prática pedagógica, cada professor pode refletir e planejar a rotina mais pertinente para seu grupo.

A jornada cotidiana deve prever, também, o trabalho com projetos que mergulham em pesquisas e investigações do interesse das crianças, tanto em grupos maiores, como nas assembleias (denominação usada nas escolas de Reggio Emilia para os encontros das crianças no início das manhãs), quanto em pequenos grupos, nos quais a escuta sensível do educador possa acontecer de maneira diferenciada, com um espaço para registro de hipóteses das crianças sobre as pesquisas em foco. Nesses momentos, os registros irão subsidiar os professores para a continuidade das explorações para as quais as crianças estão mobilizadas.

Para Wallon, a escola tem a responsabilidade de construir uma parceria sólida com as famílias (grupo primário) das crianças. Embora ocupem posições diferenciadas na constituição do indivíduo, cada um com seu papel e lugar determinado, é fundamental que se construam laços de confiança e objetivos em comum para o desenvolvimento e bem-estar da criança:

> A criança deve frequentar a escola para se instruir e para ficar familiarizada com um novo tipo de disciplina e de relações interpessoais, cabendo à escola maternal o papel de preparar a criança para sua emancipação futura. (ALMEIDA e MAHONEY, 2000, p. 79)

Outro aspecto da teoria walloniana a ser considerado refere-se às emoções e situações de conflito, que envolvem professores e alunos:

> turbulência e agitação motora, dispersão, crises emocionais, desentendimentos entre os alunos e destes com o professor são alguns exemplos de dinâmicas conflitantes que, com frequência, deixam a todos desamparados e sem saber o que fazer. Irritação, raiva, desespero e medo são manifestações que costumam acompanhar as crises, funcionando como "termômetro" do conflito. (GALVÃO, 1995, p. 104)

Para Galvão,

> a relação de antagonismo que identifica entre as manifestações da emoção e a atividade intelectual nos autoriza a concluir que quanto maior a clareza que o professor tiver dos fatores que provocam os conflitos, mais possibilidade terá de controlar a manifestação de suas reações emocionais e, em consequência encontrar caminhos de solucioná-los. O exercício de reflexão e avaliação que o professor faça das situações de dificuldade, buscando compreender seus motivos e identificar suas próprias reações [...]; afinal, a atividade intelectual voltada para a compreensão das causas de uma emoção reduz seus efeitos. Atuando no plano das condutas voluntárias e racionais, o professor tem mais condições de enxergar as situações com mais objetividade e analisá-las reflexivamente, e então agir de forma mais adequada. (GALVÃO, 1995, pp. 104-5)

O pensamento de Wallon endossa o uso que faço dos registros como um instrumento auxiliar na solução de problemas do cotidiano na escola, principalmente pela oportunidade de distanciamento que oferecem, pois

> sabemos que, em geral, não é possível que essa reflexão seja feita simultaneamente à crise; é somente depois de tê-la vivido, já fora do "calor" do momento, que se torna possível a reflexão, a avaliação e uma possível compreensão da situação. (GALVÃO, 1995, p. 106)

Isso possibilita a elaboração de um planejamento de intervenções, encaminhamentos e devoluções favoráveis à superação dos conflitos vividos. Na perspectiva do teórico, a atitude do professor diante dos conflitos é de problematização crítica e investigação dos fatores que os desencadearam, pois

> inspira um professor que, diante dos conflitos, não se contenta com respostas-padrão ou fórmulas estereotipadas e mecânicas, mas busca compreender-lhes o significado desvelando a complexa trama dos fatores que os condicionam. (GALVÃO, 1995, p. 114)

O contexto do grupo e a apropriação da cultura de registrar

O trabalho de construção significativa da cultura de registrar práticas pedagógicas cotidianas deu-se na Educação Infantil, com os 28 professores da equipe que eu coordenava em uma escola particular de São Paulo.

Em 1996, quando assumi a coordenação pedagógica e o trabalho começou a ser realizado, havia no Maternal (nomenclatura atribuída na época ao segmento) seis grupos com vinte crianças de dois a quatro anos, totalizando 120 crianças nos dois períodos; doze professoras (seis titulares e seis auxiliares); uma professora de música; um professor de educação física; e uma fonoaudióloga.

Em 2002, o quadro era composto de 135 crianças entre um e quatro anos, divididas em nove grupos; dezoito professores entre titulares e auxiliares, e três professores especialistas: um de educação física e dois de música, um em cada período. Todas as crianças ficavam na escola por quatro horas e meia. No Infantil I, de crianças entre quatro e cinco anos, havia um total de cinco grupos com 79 crianças e sete professores (cinco titulares e dois auxiliares, um em cada período), totalizando os 28 professores do grupo com o qual trabalhei em 2002. Todos eles participaram do processo de registrar diariamente as práticas pedagógicas planejadas e realizadas.

Desde fevereiro de 1996, quando me propus a desenvolver um trabalho de análise dos registros escritos das professoras sobre o dia a dia com seus grupos e a construção de projetos interdisciplinares, colecionei diversos textos de várias docentes, além dos demais documentos necessários à análise que compõem este livro.

Quando ingressei na Pós-Graduação da Faculdade de Educação da Universidade de São Paulo, já havia acumulado uma quantidade significativa de materiais, que alimentaram minha dissertação de mestrado (PROENÇA, 2003) e a elaboração deste livro, acrescidos dos registros dos participantes dos grupos de estudo que coordeno e das turmas de pós-graduação nas quais sou professora.

Para esse relato de investigação, fiz uma escolha entre os muitos registros coletados durante seis anos. O procedimento utilizado para a escrita da dissertação de mestrado, e posteriormente para este livro, foi a seleção do material de três professoras do Maternal, reunidos desde 1996. Fiz uma primeira leitura analítica das cópias xerográficas dos cadernos, pois os originais pertencem a seus autores, sempre trabalhando com o compromisso ético das devidas autorizações. O grupo da análise apresentada neste livro foi formado por três professoras que têm seus nomes representados por letras a fim de preservar suas identidades e percursos formativos.

A seleção das três professoras teve como critérios:

- pertencerem ao quadro docente da escola há pelo menos dez anos, tendo familiaridade com o Projeto Pedagógico institucional;
- terem participado do projeto de implementação da cultura de registrar desde o início;
- trabalharem em períodos diferentes;
- desvelarem, na tessitura da construção da autoria de seus projetos, seus questionamentos, conflitos e conquistas.

A metodologia de trabalho utilizada desde o início compreendeu a leitura quinzenal de todos os cadernos dos professores da equipe. Todos os registros foram devolvidos com comentários, questionamentos, citações e textos para leitura de nutrição. Houve, também, a elaboração do meu próprio registro sobre o trabalho, com as anotações das conquistas de cada grupo – professoras e crianças – e os desafios a serem superados.

Cada leitura foi acompanhada, além da devolutiva por escrito e de meus registros, por entrevistas individuais nos horários destinados a cada professor (trinta minutos semanais). Nos meus registros, anotei a evolução de cada grupo; os temas emergentes; os conflitos de cada professor; seus avanços e retrocessos, com o objetivo de planejar as intervenções subsequentes. O trabalho era ampliado com as reuniões pedagógicas, que se transformaram em momentos de socialização de experiências, troca de ideias e sistematização de projetos realizados, sendo que alguns chegaram a ser apresentados em congressos de professores e foram publicados em revistas pedagógicas.

Acredito que a formação do professor é permanente, fruto da sua história de vida desde o nascimento, que contempla o ingresso na escola e na graduação, ampliada por um processo contínuo de reflexão e produção de conhecimento, tanto individualmente quanto em grupo. Assim, a criação de parcerias de trabalho vem ao encontro dos princípios da coordenação pedagógica sobre a formação contínua em serviço. O professor, ao atuar junto a seus grupos, faz uso do repertório de conhecimentos de que dispõe (conhecimento tácito na ação). Há, portanto, necessidade de constante reflexão e apropriação da própria prática pedagógica, a fim de produzir novos conhecimentos – o que lhe possibilita atribuir sentido continuamente ao seu saber-fazer docente, ressignificando sua prática, ao refletir e confrontar a própria ação no grupo, com seus parceiros.

A proposta de atuação em conjunto, por meio da escrita dos registros do trabalho com as crianças, abriu espaço para um diálogo permanente entre coordenador e professores, sobre o estudo reflexivo da prática pedagógica. Estabeleceu, também, o fortalecimento de princípios norteadores da cultura de investigação de práticas pedagógicas, abrindo espaço para professores e coordenadores pesquisarem seus fazeres e saberes cotidianos.

O desenvolvimento do trabalho mostrou ser viável e eficaz o uso da metodologia de formação docente em serviço, uma vez que possibilitou aos educadores que suas vozes fossem ouvidas. Eles assumiram a postura ativa na construção da competência profissional ao descreverem, analisarem e buscarem alternativas para a significação de sua ação docente, o que também se constituiu em um exercício cada vez mais consciente e comprometido com suas práticas pedagógicas. Dessa maneira, puderam, cada vez mais, ter consciência de suas propostas, a "práxis" a que Paulo Freire se referia em sua obra (1996): a intencionalidade da ação docente.

O papel da coordenação pedagógica e a construção do grupo: a mediação interativa e dialogante na formação permanente em serviço

> *No futuro não se tratará tanto de sobreviver como de saber viver. Para isto é necessária uma outra forma de conhecimento, um conhecimento compreensivo e íntimo que não nos separe e antes nos una pessoalmente ao que estudamos.*
>
> Boaventura de Sousa Santos

> *Estar em formação implica investimento pessoal, um trabalho criativo e livre, sobre projetos e percursos próprios, com vistas à construção de uma identidade, que é também uma identidade profissional.*
>
> António Nóvoa

Formação refere-se à postura do educador de estar em movimento constante de construção e reconstrução de ações; assumir atitudes e valores voltados à construção, e reconstrução, da identidade, do caráter/mentalidade ou do conhecimento profissional do sujeito-professor. Dar forma a uma postura docente difere, radicalmente, de "enformar", enquadrar, reproduzir formas previamente estabelecidas por outrem (PROENÇA, 2018).

Formar é formar-se, configurar-se, constituir-se enquanto sujeito autônomo e responsável pela própria trajetória, com consciência objetiva das concepções norteadoras das próprias práticas e das opções feitas. Tais opções decorrem das experiências de vida construídas, individualmente, no grupo-referência do indivíduo: escola, sociedade, família, crianças-alunos.

> Formar(-se) é constituir(-se) enquanto sujeito-educador em constante processo de busca, investigação, envolvimento e questionamento consigo mesmo e com o outro, pois ensinar e aprender são facetas indissociáveis da relação ensino-aprendizagem. O sujeito ensina o que aprendeu e aprende enquanto ensina, em uma construção ao longo de sua vida enquanto aluno e professor, com a finalidade de que o aprendiz domine os instrumentos que o habilitem a pensar e a resolver problemas postos pela cultura e pela realidade. (PROENÇA, 2018, pp. 13-4)

A formação é um processo contínuo de atribuição de sentidos e significados ao mundo, todos em constante mutação, numa postura de investigação permanente. Se educar é significar por si e para si o que o grupo e a cultura construíram, com base nas experiências anteriores, é fundamental que o sujeito-educador desenvolva uma postura de autoconhecimento e conscientização dos próprios fazeres, saberes, valores, princípios e crenças, para só então, a partir deles, ressignificar novas informações e conhecimentos adquiridos, com os quais se identifique. Ao transformar experiências produzidas no mundo externo de acordo com suas estruturas internas, o sujeito delas se apropria e amplia possibilidades de seu repertório de atuação: os saberes e fazeres de suas matrizes pedagógicas.

Como o fluxo da vida é constante, a postura de questionamento também é permanente, pois o sujeito tem a preocupação e o desejo de significar o real ao indagar-se: O que é? Para que serve? Como? Quando? Quem? Onde? De que modo? Por quê? Sobre o quê? O ato de perguntar corresponde a querer saber sobre o diferente; a duvidar; a sentir-se momentaneamente sem respostas; a ter curiosidade de descobrir as próprias faltas e perseguir os desejos pessoais – como nos diz Paulo Freire, abrindo espaço para a ousadia do novo e para as mudanças no educador-aprendiz.

Fernández (2001a) endossa a importância do papel da coordenação na emergência da autoria do professor ao validar e autorizar o educador a atuar do lugar de um ser pensante, que ensina e aprende no seu cotidiano com a prática pedagógica; é preciso reconhecer o próprio desejo de aprender para poder ver-perceber-sentir-autorizar o do outro, aprendiz. O sujeito aprende a ser autor ao assumir os próprios pensamentos, ao posicionar-se, ao fazer opções e ao ter responsabilidade sobre suas escolhas, como nos diz Paulo Freire (1996).

Tal postura é validada pela coordenação, que cria situações favoráveis à aprendizagem, porque acredita e quer que o outro aprenda com o próprio trabalho. Cabe à coordenação propiciar ferramentas e espaços adequados, no dia a dia, onde seja possível a construção e socialização de conhecimentos, tais como reuniões, entrevistas, bilhetes, exposição de práticas pedagógicas, entre outras possibilidades. Se a aprendizagem se processa em mim na interação com o outro, maior será a oportunidade de sujeitos-aprendizes se apropriarem de seus fazeres e saberes, se a coordenação propuser maiores oportunidades de contato entre eles, ao mesmo tempo em que problematiza as próprias práticas, refletindo sobre processos e resultados.

É papel da coordenação facilitar a apropriação da autoria dos professores, sentindo prazer e confiança em si ao sair de cena quando ele não se faz mais necessário, pois o aprendiz já caminha sozinho. A responsabilidade pelo processo de ensino-aprendizagem é compartilhada entre coordenação e professores e professores com seus grupos, o que é dificultado na educação tradicional pelo medo de se perder o controle de uma situação. A forma como me olho na função que exerço traduz a maneira como olho para o outro. A autonomia é a meta almejada para todos os atores do processo educacional – crianças, professores, coordenadores e diretores –, pois cada um deve aprender a autogovernar-se na especificidade do papel e da função que ocupa no contexto. Segundo Fernández,

> aprender é apropriar-se da linguagem; é historiar-se, recordar o passado para despertar-se o futuro, é deixar-se surpreender pelo já conhecido. Aprender é reconhecer-se, admitir-se. Crer e criar. Arriscar-se a fazer dos sonhos textos visíveis e possíveis. (FERNÁNDEZ, 2001b, p. 36)

Sobre o papel do grupo e da coordenação no processo de formação de cada um, a vivência de conflitos e a heterogeneidade da incompletude humana como fontes de aprendizagem, faço uma síntese da obra de Pierre Lévy (1998): quem é o outro? É alguém que sabe. E que sabe que eu não sei. O outro não é mais um ser assustador, ameaçador. Como eu, ele ignora bastante e domina alguns conhecimentos. Mas como nossas zonas de inexperiência não se justapõem, ele representa uma fonte possível de enriquecimento de meus próprios saberes. Ele pode aumentar meu potencial de ser, e tanto mais quanto diferir de mim. Poderei associar minhas competências às suas, de tal modo que atuemos melhor juntos do que separados. Fonte possível de minha potência, ao mesmo tempo em que permanece enigmático, o outro se torna, sob todos os aspectos, um ser desejável. O espaço do saber começa a viver desde que se experimentam relações humanas baseadas nesses princípios éticos de valorização dos indivíduos por suas competências, de transmutação efetiva das diferenças em riqueza coletiva, de integração a um processo social dinâmico de troca de saberes, no qual cada um é reconhecido como uma pessoa inteira, não se vendo bloqueada em seus percursos de aprendizado por programas, pré-requisitos, classificações *a priori*, ou preconceitos em relação a saberes nobres ou ignóbeis.

Estar em formação pessoal e profissional significa, portanto, transitar entre os movimentos de autoconhecimento, de conhecimento do outro e dos objetos culturais, organizados nas instituições sob a forma de disciplinas, áreas de conhecimento e, recentemente, como campos de experiência (BRASIL, 2018). Processos mediados pela coordenação, que busca viabilizar uma aproximação dos professores à teoria que justifique seu fazer: "a teoria é vista como uma rede que, na prática, permite-nos ser livres na criação de novos modos de intervenção" (FERNÁNDEZ, 2001a, p. 54). A teoria serve como referência à atuação individual e é uma fonte de diálogo interno entre sujeito-educador e sujeito-autor dos textos selecionados, transformando-os em seus "sócios íntimos", na concepção walloniana.

    A partir da leitura de Paulo Freire (1996), os objetivos de minha proposta de formação permanente em serviço passaram a ser o exercício da autonomia intelectual, a qualificação docente e o desenvolvimento da competência profissional, por meio da problematização e da reflexão crítica sobre a própria prática pedagógica, viabilizada pelo uso do registro. Os professores só poderão trabalhar a autonomia dos seus grupos se tiverem construído e se apropriado da própria autonomia. Além disso, a construção de uma postura de investigação permanente, de curiosidade, pesquisa e questionamento sempre foi instigada. A problematização do mundo é o ponto de partida, a fim de que o sujeito reflita sobre o que o cerca, de modo a desenvolver o espírito crítico. O compartilhamento da aprendizagem em todas as etapas é a matriz do processo de desenvolvimento, sendo o grupo como um todo – inclusive a comunidade – responsável pela construção de conhecimentos.

    Preocupei-me em favorecer o exercício de situações de pesquisa, socialização de descobertas, confrontos, desafios instigantes, exposição e socialização de fazeres e saberes, sistematização de práticas pedagógicas que subsidiassem essa proposta. Procurei abrir espaço para a realização de projetos pessoais dos professores, para que cada um atuasse de acordo com as preferências e facilidades, em busca de sentidos pessoais e do grupo.

Estratégias da coordenação pedagógica

À coordenação cabe a função de promover intervenções que provoquem no professor o desejo de refletir e manter-se em desenvolvimento contínuo. Para isso, dispõe de algumas estratégias complementares citadas e analisadas por Isabel Alarcão (1996), quando se refere às estratégias viáveis de supervisão na formação do professor reflexivo:

- **Investigação na ação**: ao agir, o professor deve se sentir instigado a solucionar problemas propostos pela coordenação sobre sua prática pedagógica;
- **Análise de casos**: ao selecionar um caso para ser analisado, proporciona-se ao grupo a possibilidade de partilhar diferentes opiniões em frente a um mesmo acontecimento, e a consequente ampliação do referencial de cada professor. Por outro lado, a proposta de autoria e autonomia estimula a coesão e a organização da equipe;
- **Observação das aulas**: com consequente devolutiva individual sobre os dados observados;
- **Narrativas**: há uma reflexão inerente ao próprio ato de escrever, mesmo quando o grau de profundidade varia. Para isso, a coordenação pode fazer algumas questões, como: O que você fez hoje? Por que você propôs tal atividade? – que promovam a escrita do professor;
- A **leitura** atenta de cada registro, fazendo quinzenalmente, por escrito, a **devolutiva** com comentários, intervenções e sugestões, com o intuito de auxiliar a resolver dilemas ou ampliar referenciais. Paralelamente, registrar o momento em que cada professor se encontra em seu projeto, suas observações e refle-

xões, seus conflitos, as atividades mais significativas que desenvolveu com seu grupo. Para cada um, elaborar uma proposta de intervenção e traçar um encaminhamento, conforme o objetivo pretendido, a fim de deslocá-lo diante de suas propostas, ampliando possibilidades de atuação. É essencial que esse acompanhamento favoreça o crescimento e a superação dos obstáculos explicitados, para que haja um salto qualitativo no processo de desenvolvimento do professor, no sentido de transformar suas práticas;
- **Perguntas pedagógicas**: intervenções sobre as práticas do professor e sobre o contexto social, político e cultural que as desencadearam. Elaboração de questões que propiciem a descrição sobre o que o professor faz e pensa, sobre o significado e a intencionalidade de seus atos, para que ele possa adquirir o hábito de fazer perguntas, questionar e criticar a realidade.

As funções que cabem à coordenação são, portanto, de apoiar o professor para que ele dê o melhor de si e busque se tornar cada vez mais competente e qualificado no exercício da profissão docente. E acompanhá-lo em suas necessidades e desafios, incentivando-o sempre a seguir em frente em uma atitude autônoma. A relação professor-coordenador é de parceria interativa, pois a atuação de um se reflete na do outro. Há necessidade de avaliação constante para buscar adequações, melhorias e, principalmente, planejar os passos seguintes e qualificar cada vez mais o papel de cada um no grupo.

É fundamental, para o crescimento dos educadores, que o coordenador os desafie com boas perguntas, problematizando suas ações cotidianas, sem dar respostas previamente pensadas, para que cada um se envolva na busca dos sentidos que atribui a cada questão, apropriando-se e responsabilizando-se por suas escolhas.

A coordenação tem a função de facilitadora de aprendizagens significativas na sua equipe, ao intervir na tomada de consciência sobre a atuação no ambiente escolar, centro de reflexão permanente, compartilhando responsabilidades, acertos e conflitos. Cabe ao registro reflexivo um papel de destaque na formação contínua de professores, pois propicia a articulação entre o fazer pedagógico e a reflexão – o pensar sobre a própria prática, possibilitando aos envolvidos no processo de ensino-aprendizagem o confronto com os problemas reais do cotidiano; a conquista progressiva da autonomia; a descoberta das próprias potencialidades; e a criação de articulações entre teoria e prática passíveis de (trans-)formação.

Ao ler o belo livro de Skármeta (1998) – *O carteiro e o poeta* –, pude perceber o desabrochar da relação entre sujeitos diante da cumplicidade construída e do fortalecimento do vínculo afetivo que a parceria entre eles possibilitou. Pensando na relação coordenador-professor e, consequentemente, pela homologia dos processos, na relação professor-criança(s), creio que ela deva ser construída sobre as mesmas pilastras: a credibilidade; a comunicação; o respeito à diversidade e ao tempo de elaboração de cada sujeito; a admiração de um pelo outro; e os olhares de lugares diferenciados para um objetivo em comum, com vínculos fortalecidos. A observação reflexiva, como fonte de inspiração não só para o carteiro e o poeta, mas também para a coordenação e o professor, e do professor para seu grupo, deixa marcas profundas e fortalece os laços de cumplicidade, imprescindíveis à aprendizagem: sem vínculos afetivos, os sujeitos não aprendem!

Da mesma forma que o carteiro procura avidamente, e com muita disciplina, gravar na natureza os sons familiares para enviá-los ao poeta ausente, mas presente em sua memória, o professor registra suas observações, emoções e sentimentos para compartilhá-los com a coordenação, as famílias e a comunidade. Assim, através de troca de perspectivas diversas e de críticas construtivas, pode apropriar-se do que faz, do que sabe, do que pensa, do que lhe falta, do que não sabe e do que está em processo de apropriação.

O forte vínculo que unia o poeta Dom Pablo e o carteiro José era repleto de afeto, respeito à sabedoria de cada um, à autoridade conferida e ao modelo admirado que cada um descobre diariamente no outro. Isso possibilitou a leitura de seus textos mais íntimos: os derradeiros telegramas enviados ao poeta enfermo e a poesia escrita pelo carteiro para sua apreciação. A construção dessa relação parceira, interativa e emocionada permitiu a entrada de cada um no texto do outro, como forma de comunicação, capaz de deixar marcas para sempre e de causar transformações na vida dos dois...

Como no texto de Skármeta (1998, pp. 20-5), "os nomes não têm nada a ver com a simplicidade ou a complexidade das coisas". O autor prossegue, afirmando que é preciso lidar e desvelar o que está por trás, subentendido em palavras, pois "elas revelam a essência do ser humano como um espelho ou um lago transparente". Cabe à coordenação o papel de crítica, de questionamento, de pontuação e problematização do explícito e do implícito nas palavras do autor do texto – o professor.

De acordo com a crença na importância do estreitamento dos vínculos narrada na obra de Skármeta, e as intenções acima descritas para o trabalho com meu grupo de professores, o ponto de partida seria a formação do grupo, considerado como fonte e referencial de aprendizagem. Como encaminhar o processo de ensinar e aprender coletivo e, simultaneamente, contemplar as individualidades? Acredito que a evolução dos sujeitos-educadores, aprendizes do autogerenciamento de seu saber-fazer pedagógico, proporciona, ao mesmo tempo, o desenvolvimento e o fortalecimento da visão institucional como um todo, decorrente da interação entre pessoas e profissionais, pois, como afirma Nóvoa (1995), a pessoa do professor e o profissional são um só!

Mas que sujeito-educador formar? Em consonância com Paulo Freire (1996), um educador com espírito curioso, crítico, reflexivo; aberto ao novo; com humildade para ressignificar experiências anteriores; que se posicione diante do real e assuma sua identidade cultural como pertencente à profissão docente; consciente das responsabilidades decorrentes de sua opção e desejoso de fazer uso das memórias de suas experiências na construção da autoria do seu ser-saber-fazer pedagógico.

Ser, saber e fazer-se educador é exercitar, no cotidiano, a arte de "arriscar-se a fazer dos sonhos textos visíveis e possíveis", como nas belas palavras de Fernández (2001b, p. 36) já citadas. É acreditar que, se cada um fizer sua parte, haverá uma transformação significativa no campo educacional, pois mudanças só acontecem se as vozes de quem as põem em prática forem ouvidas: as dos professores, responsáveis por seus ambientes de trabalho – espaço genuíno de educação!

Acrescento, ainda, a condição essencial ao educador comprometido: a postura amorosa em relação à criança; o prazer em sua companhia; a disponibilidade e vibração diante da escuta de seus comentários espirituosos; o olhar encantado e curioso para suas descobertas e brincadeiras; a presença e a inteireza da atenção. Não me refiro ao amor piegas, ou a uma paixão desenfreada, mas a uma relação amorosa com limites, combinados e regras de quem aposta, acredita e espera ver o outro crescer, desabrochar e ter instrumentos básicos de sobrevivência para agir com consciência no mundo a que pertence! Como nas conhecidas palavras de Loris Malaguzzi, "o educador como profissional do maravilhamento"[3].

No exercício da minha função de coordenadora como mediadora de aprendizagens e conhecimentos significativos, que possibilitassem o emergir do "saber alicerçante da travessia" (FREIRE, 1996, p. 156) e a gestação de novas posturas (trans-)formadoras na equipe, elegi alguns pilares norteadores do trabalho:

- a construção da **autoria** do professor, visto como uma pessoa pensante, que tem desejos, necessidades, interesses e faltas; além de ser um eterno aprendiz, com potencial para apropriar-se e significar a própria prática pedagógica, e teorizá-la à luz dos demais pensadores que justifiquem os fazeres pessoais;
- a **memória** do professor, como fonte de aprendizagem e reconstrução da própria história do grupo;

---

[3] Anotação feita durante encontros e conferência no Centro Internacional Loris Malaguzzi, em Reggio Emilia, em fevereiro de 2019.

- a pertinência e a valorização da **escrita narrativa**, como canal formativo da memória, da autoria e da construção da argumentação;
- a significação da **brincadeira**, das **histórias** dramatizadas e do movimento **corporal**, traduzidos na ação da criança como linguagens adequadas à aprendizagem;
- a adoção dos **projetos interdisciplinares** como metodologia de trabalho compartilhado com o grupo;
- a postura de **pesquisa** da própria prática pedagógica como um referencial de formação, viabilizada por meio da sistematização dos registros reflexivos.

Estar em formação permanente significa, como destaquei em livro anterior (PROENÇA, 2018), estar em produção constante, em uma busca de atribuição de sentido à própria prática pedagógica; em um movimento de identificação profissional, de educar a si e ao(s) outro(s), da mesma forma que se aprende consigo mesmo e com o(s) outro(s). Isso se dá através de mediações sociais e culturais, trocas interativas e diálogos permanentes consigo mesmo e com o(s) outro(s), em uma atitude reflexiva de problematizar o mundo e interpretá-lo, apropriando-se intencionalmente do real e posicionando-se diante de fatos, crenças, valores, construindo instrumentos de atuação.

Foi essencial minha participação no grupo de supervisão semanal com as demais coordenadoras e diretoras da escola para trocas, momento em que a socialização de avanços e dilemas do cotidiano ganhou espaço e apareceram pareceres divergentes sobre a busca de soluções. Olhares parceiros que se voltavam para o mesmo foco, com envolvimentos e de lugares diferenciados, referendando, novamente, o grupo como fonte de aprendizagens e a importância de confrontos de diferentes pontos de vista.

Pelo fato de escolher e vivenciar o papel de coordenadora-pesquisadora, pude comprovar a viabilidade da formação permanente em serviço e o quanto ela é fundamental ao desenvolvimento dos profissionais envolvidos e da instituição, pois, como afirma Rui Canário (1999), os professores aprendem sua profissão na escola. Para ele, o professor é o sujeito protagonista do processo de mudanças educacionais, no espaço onde atua e aprende:

- como consequência de sua vida de aluno, pois toma como modelo seus antigos professores e repete, ou reelabora aquilo que acredita ser correto com as devidas adequações;
- em contato com seus alunos no dia a dia, tendo a possibilidade de refletir sobre suas ações, atribuindo-lhes novos sentidos;
- nas trocas e interações com outros professores da mesma instituição, ou de outras semelhantes, entre equipes disciplinares ou interdisciplinares;
- quando são oferecidos cursos de capacitação para aperfeiçoamento profissional.

Para Canário, a escola é uma construção histórica que deve provocar a reflexão e o fortalecimento de seus agentes a favor dos movimentos de mudança. Somente as que forem produzidas pela e na escola terão maior probabilidade de eficácia: o professor é o agente privilegiado do processo de mudança, pois é ele quem atua, interage e produz, com o grupo, no espaço escolar. A escola é, portanto, o lócus de formação e de referência para o sujeito-professor, espaço de encontro mobilizador de trocas, interações e aprendizagens.

A partir das parcerias teóricas estabelecidas com os autores, cabe à coordenação as tarefas de:

- despertar o interesse dos professores para determinados conteúdos, conceitos e procedimentos pouco valorizados ou desconhecidos, como o registro no início desta pesquisa. Provocar intervenções desafiadoras que lancem a semente para sua familiarização, conscientização e impregnação. Dar suporte constante, avaliando e replanejando cada passo. Saber, inclusive, sair de cena no momento oportuno e tornar-se um observador, quando o educador se apropriar da proposta e, autonomamente, tornar-se o protagonista da cultura de registrar;
- viabilizar situações e vivências de grupo, o que é essencial na construção do repertório comum a todos, que individualizam experiências coletivas conforme o próprio referencial de vida. O questionamento constante e a intervenção da coordenação trazem o germe da percepção dos desejos contidos, dos interesses dominantes, do não saber, da resistência acomodada do educador. Requer, além de uma sistematização de seus fazeres e saberes, uma conscientização e assunção de posicionamentos pessoais, segundo Paulo Freire, responsáveis pela (trans-)formação do sujeito e ampliação de seus referenciais.

O quadro a seguir sintetiza as funções da coordenação com base na parceria que estabelece com o professor:

Avaliação de cada semestre	Conclusão de cada semestre	**PROJETO PEDAGÓGICO**	Devoluções	Reuniões de professores • Grau • Área • Educação Infantil
Avaliação de cada criança	Planejamento diário	**INSTITUIÇÃO ESCOLA**	• Textos para leitura	
				Palestras
Parágrafo coletivo	Registro diário		• Bilhetes	Observação de sala de aula (15 dias)
	PROFESSOR		**COORDENADOR**	
Relatório de grupo		**PARCERIA**	Leitura dos registros das professoras (15 dias)	Entrevista (15 dias) • Individuais • Grupo
	Divulgação – desenvolvimento profissional			
Lições de casa		**CRIANÇA FAMÍLIA CULTURA**	Meu registro cotidiano • Caderno	Avaliação do final do semestre
História da classe • Álbum do grupo	Reunião de pais			Devolução • No caderno
	Congressos		Registros não textuais	Documentação do projeto ▸ portfólios
Grupos de Estudo (15 dias) • Corpo • Sonho • Arte • Inclusão	Cursos – MAE Atelier R. Dutra		Planejamento do grau	Relatório da criança
	Jornal			Relatórios do grupo (bi X trimestral)
	Exposições		Divulgação – Ampliação profissional • Congressos • Reunião de pais • Cursos – fora • Jornal	
Reunião pedagógica • Grau • Área • Unidade • Palestras	Painéis e fotos			Reunião de pais • Preparo • Circulares
	Entrevista com pais e equipes multidisciplinares		Grupos de estudo + COORD	Entrevistas • Com pais • Em equipe com professora • Com equipe

A construção do GRUPO de professores de Educação Infantil

A formação do grupo deu-se por meio de um processo que foi planejado, registrado, permanentemente avaliado e replanejado em vários momentos. No começo do trabalho como coordenadora, minha preocupação era com a construção do grupo. Era necessário que ele se constituísse a partir de uma cultura do coletivo, de um eixo em comum com princípios compartilhados, objetivos claros, transparentes e desafios socializados, a partir do que estava declarado no Projeto Político Pedagógico institucional. As propostas que serão descritas a seguir foram operacionalizadas e retomadas com a entrada ou saída de professores do grupo, pois, mesmo com rotatividade pequena, sempre aconteceram, e foi necessário ambientar os novos sujeitos para que se sentissem pertencentes à equipe.

No início do ano, dediquei-me à construção do grupo de trabalho no mesmo momento em que os professores vivenciavam o processo de adaptação/acolhimento das crianças à rotina escolar. Como motivação para deflagrar o debate, usei como símbolo um tubo de ensaio cheio de areias coloridas das falésias nordestinas. O frasco colorido, objeto bastante curioso e esteticamente convidativo à observação (são pequenos grãos de areia, cujas cores não se misturam), intermediou nossas apresentações e conversas sobre as diferenças individuais e o crescimento do grupo como referência – eixo norteador, representado pelo tubo.

A escolha baseou-se na mitologia grega, onde o símbolo representa duas partes que se integram e fazem sentido para o grupo, configurando-o. Também é um objeto transicional, como descrito por Winnicott ao longo de suas pesquisas, algo que intermedeia diálogos e fortalece relações. Em todas as propostas, a construção de um contexto de nutrição estética esteve presente como um convite à investigação, um disparador do processo de (re)construção de conhecimentos.

A todo instante foi explicitada a intenção de que as singularidades fossem preservadas, respeitadas e valorizadas, mas diversidades que se integrassem a partir do Projeto Político Pedagógico institucional, visto como o fio condutor do processo educacional. Um grupo, nas palavras de Madalena Freire (1993), forma-se ao redor de interesses e objetivos comuns, transparentes, verbalizados e acompanhados por uma rotina/jornada como referência, que possibilita: o surgimento do sentimento de pertencimento entre seus integrantes; um repertório familiar de aprendizagens, experiências e convivências; além de uma previsibilidade flexível de acontecimentos. Esses pressupostos são destacados nas publicações do Espaço Pedagógico (1997-2002).

O passo inicial para a cultura dos registros foi dado com uma oficina de customização dos cadernos: cada integrante recebeu o seu e foi convidado a procurar materiais disponíveis para montar suas capas. A única solicitação era que o nome do educador fosse escrito na capa, para facilitar a identificação. Retalhos de tecidos variados, canetas coloridas, tintas de diversas cores, pincéis, lápis coloridos, folhas secas do pátio da escola, tubos de cola e fotografias antigas estavam organizados em caixas sobre uma mesa no centro da sala. Cada um poderia, também, buscar outros materiais pela escola. A oficina terminou com uma exposição dos cadernos e muito orgulho de cada integrante ao mostrar o seu: "feito por mim"!

No encontro seguinte, para nutrir o movimento de formação e construção do grupo, foi feita a distribuição de cópias e a leitura de uma poesia: "Eu não sou você. Você não é eu", de Madalena Freire (1997), com a solicitação de que iniciassem seus registros em seus cadernos ou arquivos em computadores, pois, mesmo com os cadernos em mãos, algumas optaram por fazer seus registros digitais. Em seguida, distribuí um questionário para mapear o grupo, cujo objetivo era saber "quem somos", e pude constatar a vontade de que houvesse um espaço maior para troca de experiências do cotidiano escolar. O questionário tinha perguntas referentes ao tempo de casa de cada um, idade, interesses, formação inicial, cursos atuais, pós-graduação, entre outros dados. Com essas informações em mãos, pude fazer o mapeamento do grupo e planejar as reuniões semanais de professores, considerando seus desejos e necessidades, que foram socializados na reunião seguinte.

A maior parte do grupo estava na faixa etária entre trinta e quarenta anos, com pequeno número de egressas do Magistério; a maioria absoluta é da Pedagogia, além do fato de poucas estarem inscritas em cursos de especialização ou pós-graduação, o que comprovava a urgência da formação em serviço. Também é essencial destacar a necessidade da formação, não somente para suprir necessidades emergentes no cotidiano, mas principalmente a fim de fortalecer a troca de experiências e objetivos em comum na instituição.

Distribuí aos professores um exemplar do jornal semestral do Espaço Pedagógico com um texto de Juliana Davini sobre grupo, que se adequava ao aquecimento da discussão planejada. Cada uma elegeu uma palavra-chave que representasse a formação do grupo, justificando a escolha. Uma das professoras foi a escriba e registrou as palavras escolhidas: união, respeito, adaptação, disciplina, rotina, participação, interação, mediação, construção, vínculo, tempo, espaço, tarefa, desafio, conteúdos, papéis, abertura, ousadia, cumplicidade, autoridade do educador.

Para concluir, foi proposta uma discussão sobre o espaço coletivo, que é público, e o bem comum. Problematizamos o uso das áreas externas da escola, pátios, brinquedos e materiais, que devem ser cuidados por todos, e a atenção ao espaço privado de cada uma: a sala ambiente usada cotidianamente. Construímos e estabelecemos normas/regras/combinados coletivos de convívio, como horários para uso das dependências comuns da escola – tais como o ateliê, a sala de culinária, o pátio para educação física – e o uso do material comum, como CDs, livros de história, fantoches e a máquina fotográfica; quanto à sala de cada grupo, as professoras dos dois períodos se encarregaram de organizá-las de comum acordo. O mais importante nessa proposta foi a responsabilidade compartilhada pela equipe com base na transparência de valores que orientavam os objetivos.

A partir desse movimento inicial, foi feito o agendamento das demais reuniões do semestre, intercalando assessorias, em especial a da área de Arte, palestras com especialistas, reuniões de série e da Educação Infantil como um todo. A intenção formativa da instituição esteve sempre presente, preocupada desde sua origem com a formação permanente de seus profissionais e o fortalecimento de uma cultura de grupo, um olhar coletivo. As demais propostas e atividades desenvolvidas pela coordenação serão citadas na continuidade do capítulo, pois foram desmembradas para facilitar a organização do texto.

Observei que muitos símbolos, como o frasco com areias coloridas utilizado no início desse trabalho, permearam o trabalho desenvolvido e constelaram interesses, necessidades e faltas detectadas. Esses objetos eleitos fizeram sentido para o grupo, tornaram-se elementos integrantes da rotina de cada professor, intermediaram as interações e serviram como estímulos desencadeadores da introdução de novos conteúdos e conceitos. Muitos desses símbolos deflagraram projetos, que foram desenvolvidos ao longo do ano no Maternal: Projeto Bolas (a partir de uma bolinha verde de borracha, que nomearam como Maria Chiquinha); Projeto Aves (Galinha Lili e Periquito Tico); Projeto É de Tirar o Chapéu; Projeto Minha Foto; e Projeto Pingos; além do Projeto Casa e Alimentação Saudável, no Infantil I (crianças com quatro anos).

Pude perceber que a consolidação do grupo propiciou uma integração maior entre professores, crianças e suas famílias, pois fazem parte do mesmo processo, possibilitando avanços na escola como um todo. Houve inclusive uma aproximação maior com as famílias, que foram convidadas a participar em diversas situações, como nos encerramentos dos projetos ou em sua produção; contar histórias às crianças; fazer uma receita especial nas atividades de culinária; e contribuir na montagem da exposição sobre futebol, em época de Copa do Mundo.

Muitas propostas passaram a ser trabalhadas em conjunto, envolvendo dois ou mais grupos, como o Projeto Cinema com Pipoca e o Projeto Futebol. Por ocasião da Festa Junina, houve uma preparação coletiva de enfeites e quitutes feita por nove grupos de Educação Infantil que, a cada sexta-feira, reunia-se no pátio para confeccionar enfeites, cantar músicas típicas e dançar, sendo cada vez um deles responsável pela culinária e pelo oferecimento do lanche às demais. No fim do ano, houve troca de presentes feitos pelas crianças e decoração compartilhada do espaço, além da elaboração das telas/quadros, que todas as crianças pintaram juntas, para ficar na secretaria da escola.

Com certeza, os primeiros passos para aprender a trabalhar em equipe em prol de um objetivo/tarefa em comum e a experiência de ser sujeito-cidadão foram trilhados. Os fios individuais se entrelaçaram na composição da trama coletiva de maneira que houve o reconhecimento de todos os participantes no trabalho realizado e o sentimento de pertencimento ao contexto, com o qual o sujeito protagonista da história pôde se identificar.

ATIVIDADES COMPLEMENTARES PROPOSTAS PELA COORDENAÇÃO

Algumas atividades complementares foram propostas pela coordenação, mas serão apenas citadas como possibilidades de trabalho:

1. Montar um grupo para dramatização de uma situação de sala de aula com meio grupo; a outra metade faz a observação e o registro. Num segundo momento, os papéis são invertidos; há um debate no final.
2. Assistir à gravação em vídeo de uma situação de classe, ou de pátio, para fazer o registro e, em seguida, discutir a observação: destacar o foco de cada observação.
3. Assistir novamente ao vídeo e destacar um novo foco de observação, para posterior socialização.
4. Fazer uma oficina sobre registros, possibilitando ao grupo a descoberta de várias formas de registrar uma mesma cena através de múltiplas linguagens: plástica, musical, imagética, fotográfica etc. Cada professor irá descobrir a que faz mais sentido para si.
5. Propor um trabalho individual de observação e leitura dos próprios registros antigos, para comparação e constatação da evolução em relação aos atuais.
6. Projetar transparências de registros bem antigos (de outras épocas históricas), como nutrição, mostrando as várias possibilidades de registrar.
7. Propor um trabalho individual de elaboração de síntese reflexiva sobre uma quinzena de trabalho, tendo como referência o próprio caderno.
8. Distribuir fragmentos de registro (de uma semana, por exemplo) entre os professores, pedir que façam a leitura e as devolutivas, para que vivenciem a troca de papéis com a coordenação.
9. Propor, a uma professora que o deseje, fazer um vídeo sobre seu grupo e o registro posterior a partir da observação da filmagem.
10. Fazer um ateliê com diversos materiais e propor a elaboração de um registro plástico sobre uma cena do dia com seu grupo.
11. Trabalhar com metáforas sobre o ato de registrar e montar um painel com as palavras-chave do grupo.
12. Fazer um registro em duplas: um conta determinada situação vivida para o outro registrar e, então, fazer trocas e comparações entre o vivido e o registrado. ∎

A evolução do planejamento: a produção coletiva e a transformação dos objetivos em eixos para o desenvolvimento de projetos pedagógicos e curriculares

A trajetória dos planejamentos da instituição exemplifica a evolução dos textos das educadoras na construção da autoria. Na década de 1970, quando assumi minha primeira classe de Maternal (designação usada na época, a que já me referi), os planejamentos propostos eram elaborados por uma assessoria pedagógica. Eram bimestrais, fixos, com objetivos predeterminados para o período, distribuição previamente estabelecida em sequência de aulas a serem "dadas", e uma lista de atividades que seriam avaliadas no final: todas as professoras deveriam caminhar, invariavelmente, no mesmo ritmo de trabalho.

Entretanto, o que estava escrito no papel não correspondia ao que era feito no dia a dia. Ao lidar com crianças, como prever antecipadamente o que é capaz de mobilizar a atenção e despertar o interesse do grupo? É preciso saber escutar as crianças para tecer possibilidades pedagógicas significativas e adequadas para cada grupo.

Modificações foram introduzidas para que o planejamento se aproximasse da realidade cotidiana e traduzisse a observação feita pelo professor. Os planejamentos passaram a ser elaborados por meio de histórias temáticas que uniam as diversas áreas (forma como se organizava o Projeto Político Pedagógico antes da Base Nacional Comum Curricular de 2018), escritas de acordo com o interesse da faixa etária, mas também prontas e iguais para todos os grupos.

Os projetos temáticos integrados como uma postura interdisciplinar investigativa do educador em permanente construção começaram a ser apropriados, gradativamente, pela equipe de professores.

Ao introduzir os registros como um instrumento capaz de subsidiar a elaboração de um planejamento baseado na realidade cotidiana de cada grupo, muitos avanços foram gradativamente acontecendo no cotidiano escolar, construindo lentamente a apropriação do pensamento projetual e a possibilidade de trabalho por meio dos projetos, documentação pedagógica e portfólios (ver PROENÇA, 2018).

Acredito que o sujeito consiga fazer cada vez melhor aquilo em que está implicado, que se sinta pertencente à produção como um todo, processo e produto. Ao mesmo tempo, participei da elaboração do planejamento como autora e usuária, com a clareza de: para que serve; o objetivo a que se quer chegar; de que modo; e quais os instrumentos disponíveis para viabilizar as metas propostas. Assim, aproveitei o precioso horário das reuniões com as professoras para fazer uma releitura dos objetivos estipulados nos planejamentos vigentes nas diversas áreas (terminologia usada na época).

Em grupo, construímos coletivamente o Caderno de Objetivos do Maternal a partir das vozes dos professores, da coordenação, dos assessores e dos documentos vigentes na época (BRASIL, 1998), com possibilidades de organização das propostas a serem feitas no cotidiano. Semanalmente, cada área foi lida individualmente fora do horário de trabalho, e as dúvidas, questionamentos e sugestões de mudança foram trazidos por escrito para as reuniões e anexados ao material inicial.

Também foram anexados textos que escrevi para esclarecer algumas dúvidas discutidas, como as etapas do desenho infantil e a rotina como atividade estruturante para a criança, que se juntaram aos textos solicitados aos assessores. Esses momentos foram importantes pela oportunidade de socialização dos objetivos no grupo e, com o grupo, para elaborar um texto final do qual os professores se sentiram autores, executores, consultores, responsáveis e envolvidos em cada etapa do percurso coletivo.

Aos poucos, esses objetivos transformaram-se nos eixos norteadores dos grupos, como uma espinha dorsal que serve como referência coletiva e viabiliza um repertório comum como base, mas que possibilita diversos caminhos de trabalho, por ser flexível e aberto aos acontecimentos cotidianos. É o projeto pedagógico institucional, que preserva a matriz pedagógica do currículo proposto, mas que vislumbra sujeitos-educadores e educandos com suas individualidades, motivações e interesses diferenciados.

A criança dessa faixa etária é uma pesquisadora nata, que vê o mundo à sua frente como algo repleto de curiosidades e, avidamente, quer conhecer, tocar, cheirar, pegar, questionar. Tudo é uma grande novidade que, se for devidamente explorada pelo educador, pode se transformar em material de estudo e aprendizagem. Dessa forma, pode deflagrar projetos pertinentes aos objetivos propostos que, mesmo sendo preestabelecidos como uma referência, possibilitam o uso de múltiplas linguagens para serem operacionalizados. Os objetivos determinam metas que o educador pretende atingir em cada proposta e são responsáveis pela articulação entre o fazer próprio de cada grupo e o projeto pedagógico institucional, que preserva, norteia e orienta a unicidade do trabalho escolar como um todo.

A evolução dos planejamentos permitiu um salto qualitativo na atuação dos educadores quanto a seu uso e elaboração. De sujeitos-reprodutores, passaram a sujeitos-autores da própria história, mudando e qualificando seu papel: de atores coadjuvantes, tornaram-se protagonistas do trabalho desenvolvido nas salas de aula, com todas as suas especificidades e responsabilidades. Isso promoveu a construção da autoria decorrente da argumentação narrativa sobre o dia a dia e a possibilidade de tomada de consciência da realidade vivida. Ao registrar, o educador reconstrói e significa os caminhos percorridos, conscientizando-se das experiências vividas e a elas atribuindo sentidos, o que abre a possibilidade de ressignificar e transformar propostas iniciais, nutrindo a própria prática pedagógica. O educador é autor, ator e pesquisador/investigador num movimento interdependente de autoformação e de formação compartilhada com a coordenação e o grupo de professores ao qual pertence.

Após muitas reflexões a partir da leitura de meus registros, percebi a importância da elaboração de um eixo de referência comum a todo o grupo de professores. Algumas definições sobre currículo, projeto pedagógico e trabalho com projetos (que estava sendo introduzido paralelamente) foram discutidas nas reuniões, a fim de socializar conceitos, definir os projetos e a metodologia a ser utilizada. Dessa maneira, referendamos para todos os professores a visão construtivista da instituição e os objetivos de cuidar e educar que permeiam a Lei de Diretrizes e Bases (LDB, 9.394/96), os Referenciais Curriculares Nacionais para a

Educação Infantil (RCNEI, 1998) e as Diretrizes Curriculares Nacionais para a Educação Infantil (DNCEI, 2010), que dão as orientações de nossa proposta de trabalho e a clareza do sentido da profissão docente, para oportunizar situações de aprendizagem.

**ALGUMAS DEFINIÇÕES E CONCEITOS
FUNDANTES DO PROCESSO FORMATIVO**

- **Projeto:** é uma postura metodológica, uma proposta de investigação intencional, um recorte de pesquisa planejado pelo professor para determinado fim, que antecipa e organiza a ação pedagógica. Contém a ideia de um vir a ser, uma ação futura em construção, proposta esta que será reconstruída e replanejada durante a própria ação. Caracteriza-se pela flexibilidade, abertura e abrangência de mudanças no decorrer do seu percurso: como é elaborado passo a passo, permite permanentemente novas ações e ampliações. Refere-se a um conjunto de atividades planejadas e empreendidas, individualmente ou em grupo, em torno de um objetivo comum: são atividades relacionadas entre si, que servem a uma série de objetivos educacionais e proporcionam a construção de uma rede de possibilidades significativas de ampliação das aprendizagens.
- **Currículo:** é o norte indispensável da intencionalidade educativa, que se refere ao todo escolar, ao conjunto de dados e práticas culturais que compõem uma instituição. É formado por tudo o que será trabalhado durante o ano em relação a objetivos, procedimentos, conteúdos, atitudes, formas de avaliação etc., validados no projeto pedagógico institucional. Distancia-se de um simples rol de atividades previamente estabelecidas, mas tem o caráter de balizador de ações, com o aval dos RCNEI (BRASIL, 1998). Como documento político, deve ser construído sobre as bases normativas de onde se originou e, ao mesmo tempo, transcender, no sentido de ir além, como um guia de orientação.
- **Projeto pedagógico institucional:** também pode ser considerado uma tradução da identidade da escola, uma carta de in-

tenções que orienta todo o trabalho e que integra os quatro componentes do processo educacional: o professor (autor de propostas no cotidiano); as crianças com seus interesses, necessidades, faltas; suas famílias; e a instituição, com seus valores, história, patrimônios culturais a serem ensinados. Contempla o planejamento do ano escolar, como o currículo que norteia o trabalho desenvolvido em cada uma das séries. No Maternal, o projeto pedagógico era traduzido em áreas e linguagens: matemática, estudos sociais, ciências, música, arte, expressão oral, corpo, informática. Atualmente, a organização se baseia nos campos de experiência da BNCC (BRASIL, 2018).
- **Redes**: vistas como uma teia de significados, de nós e de relações possíveis, tecidas a partir dos fios norteadores do projeto, por meio das múltiplas escolhas feitas pelo professor e seus alunos. O trabalho com as redes envolve características semelhantes às da postura do professor que constrói os projetos, como as citadas por Lévy (1997) e Machado (1997): abertura, metamorfose, heterogeneidade, acentrismo, topologia (generalização do pensamento sobre a distância entre dois pontos, pois varia conforme o grau de relações possíveis), pois há vários caminhos para se chegar a um lugar.
- **Portfólio:** um álbum de fotografias, desenhos, produções da criança e/ou do grupo, produto final que sistematiza e documenta o trabalho como um todo, transformando-se em memória do grupo e material de avaliação. ■

Os projetos de trabalho fortalecem a atitude pedagógica do educador-pesquisador, que vai além de uma metodologia a ser adotada. É um processo de construção de conhecimentos individuais e coletivos, que se baseia em procedimentos e ações, sendo um conjunto de pessoas responsáveis pela aprendizagem: crianças, professores, famílias, comunidade e a instituição, numa interação constante. É um vir a ser, com abertura para a construção permanente, que terá seu planejamento reconstruído e replanejado inúmeras vezes durante suas ações, sempre voltadas à pesquisa e construção de novos conhecimentos significativos.

O objetivo do trabalho com projetos é integrar o mundo da escola e a comunidade, pois ambos se fundem em uma única visão global. A meta dos projetos de trabalho é vincular a aprendizagem a situações problema que façam parte do mundo real, cabendo à escola o papel de possibilitar ao aluno a construção de instrumentos para problematizar e tentar resolver, com total independência, seus problemas do dia a dia. É questionar o mundo que nos cerca em diversos aspectos, projetando dúvidas sobre o futuro. É "aprender a aprender" para buscar, por toda a vida, a própria autonomia diante de situações desafiadoras. É saber perguntar, pesquisar diferentes fontes, selecionar as informações, coletá-las, sistematizá-las e significá-las, transformando-as em aprendizagens que possam ser transferidas a novos contextos.

Ao professor-educador-mestre, que permanentemente busca uma atitude de pesquisa e aprendizagem diante do conhecimento, cabe exercer sua função como guia e orientador de seu grupo, organizador das propostas mais complexas e investigador permanente. Com a compreensão das diversas áreas do conhecimento e temas que podem ser trabalhados pelo grupo, medeia a construção de aprendizagens significativas.

Cabe ao professor contagiar seu grupo com o desejo de pesquisar, de buscar o desconhecido e aprofundar-se no já sabido para ir além, mostrando seu real interesse pela investigação realizada. Ele pode, e deve, instigar o(s) outro(s) a expressar(em) suas curiosidades e indagações, sempre desejante(s) de conhecer, com o brilho nos olhos eternamente presente, de acordo com o modo que exerce sua função no grupo de uma forma democrática, respeitosa e colaborativa. O professor observa, registra, avalia e reflete para planejar intervenções desafiadoras e questionamentos oportunos, que atuem na zona proximal de desenvolvimento dos aprendizes e possam despertar o desejo de saber mais sobre o tema e a percepção de suas necessidades, além de potencializar em si mesmo novas possibilidades.

Ao sujeito-educando-aprendiz cabe a corresponsabilidade pela aquisição e construção de seu próprio conhecimento, orientado e compartilhado por e com seu professor e colegas, a fim de que aprenda a pensar criticamente e transforme-se num produtor criativo de ideias. Dessa maneira, afasta-se da mera reprodução e dá um novo sentido à informação que recebe, ressignificando-a conforme possibilidades e conhecimentos previamente adquiridos, de modo a estabelecer novas relações e conexões criativas. Para atingir esse fim, o de aprender a resolver problemas e questionar suas incertezas, é fundamental que se torne capaz de fazer uso diário de suas habilidades mentais – como observar, comparar, analisar, sintetizar, planejar, selecionar, avaliar etc. – para aprender a tomar decisões, fazer escolhas, elaborar conceitos e construir projetos de vida!

Ao trabalhar com a metodologia de projetos, enfatiza-se a importância da construção de processos mentais que considerem o sujeito aprendente na totalidade, em seus aspectos lógicos, perceptivos, afetivos, psíquicos e cognitivos. Dessa forma, abrange as possibilidades inteligentes do indivíduo, contemplando a potência da capacidade humana para refletir, estabelecer relações cada vez mais complexas e articular aprendizagens anteriores às mais recentes.

Assim, dá espaço e tempo para que o sujeito crie e recrie hipóteses e teorias, para que se torne mais competente e autônomo para atuar na sociedade, exercendo seu papel de cidadão. Esta é considerada a principal aprendizagem para o educando, que só será possível de ser trabalhada se o educador fizer uso de seus registros para facilitar a aquisição do objeto de conhecimento, além de mostrar sua função/uso. O objetivo é que a criança aprenda a lidar com questões culturais que fazem parte do mundo social em que vivemos, e simbólicas, que permeiam o aprendizado das várias linguagens e a construção de seus significados, por meio da música, da arte, do gesto, da dança, da literatura, do desenho, da poesia, do corpo, das brincadeiras e dos sonhos.

Essa metodologia implica repensar o cidadão que a escola pretende formar: um sujeito independente, autônomo, crítico, capaz de solucionar conflitos cognitivos, de fazer invenções, de elaborar perguntas pertinentes ao que deseja conhecer. Alguém que sabe buscar informações, respostas, estabelecer relações entre as várias areas e construir conceitos por si mesmo, apropriando-se da cultura que o rodeia. Ao decidir e fazer opções, espera-se que o sujeito mantenha um relacionamento harmônico e cooperativo com os demais membros do grupo, permeado pelas trocas constantes, sendo capaz de expor seu ponto de vista, assim como de acatar ideias dos demais, além das regras sociais de convívio.

Para que esse sujeito possa tomar corpo e existir, é preciso que a escola, edificada sobre esta concepção de educação, tenha a clareza dos valores nos quais acredita, dos objetivos que pretende atingir, dos conteúdos e conceitos que pretende explorar, elaborando um currículo norteador, mas flexível e aberto, baseado na construção de competências e habilidades, como afirma Perrenoud (1999).

Os projetos de trabalho, sempre inseridos em um contexto cultural, podem ser individuais ou coletivos (em grupo), disciplinares, multidisciplinares ou interdisciplinares. Favorecem as trocas entre os iguais (membros do grupo) e diferentes (outros grupos, famílias), gerando conhecimento compartilhado, fruto de uma produção coletiva, que conta com a participação de educadores, educandos, famílias e comunidade.

Historicamente, encontro justificativas teóricas para a fundamentação dessa metodologia de trabalho ao longo da leitura de obras de diversos autores: John Dewey (divulgado por Kilpatrick), ao propor o ensino sem as fronteiras das disciplinas; Celestin Freinet, ao enfatizar a importância da integração escola-comunidade; Jerome Bruner, ao defender, enfaticamente, o currículo em espiral; Jean Piaget, que possibilitou o embasamento processual dessa estrutura metodológica, pois o ponto de partida de qualquer trabalho é a atividade/ação do sujeito aprendiz e a vivência de conflitos cognitivos; Henri Wallon e Lev Vygotsky, na perspectiva da construção social e na importância atribuída às interações grupais. Mais recentemente, as pesquisas do grupo de professores espanhóis composto por Fernando Hernández, César Coll, Antoni Zabala, além da obra de Howard Gardner, nos Estados Unidos – Project Zero[4] –, que valoriza o uso das

---

4 Para saber mais, visite: <http://www.pz.harvard.edu/>. Acesso em: 2 jul. 2021.

múltiplas linguagens de acordo com as inteligências que pesquisou, e Loris Malaguzzi, autor do projeto pedagógico das escolas italianas de Reggio Emilia (PROENÇA, 2018).

O tempo de duração de um projeto varia conforme a faixa etária em questão, o tema selecionado, e, em especial, o interesse das crianças pela pesquisa realizada. O professor deve estar atento para que novas indagações surjam a todo instante, gerando novos encaminhamentos e aprofundamento das investigações em curso; ao mesmo tempo, há um limite a ser respeitado com relação ao interesse do grupo, pois o projeto pode se esgotar e ser encerrado, registrando-se as aprendizagens construídas.

O espaço para execução e manutenção do projeto de trabalho estará garantido e legitimado se tiver sua origem no grupo, nos interesses de crianças e adultos, pois nada ganha vida e segue em frente se não houver concordância, motivação e identificação com a ideia proposta. Nesse sentido, espera-se que o professor observe momentos significativos no dia a dia, algum fato marcante, um comentário espontâneo, a investigação curiosa de uma ou mais crianças, ou um assunto que desperte a atenção do grupo. Com base nisso, articula a proposta de trabalho ao redor do tema, de modo que possa desencadear a formação da rede de conhecimentos a serem apropriados pelas crianças, deflagrando o início do projeto.

O passo seguinte será uma reflexão/avaliação inicial dos professores do grupo com o coordenador, que comporta o levantamento de hipóteses, propostas e conceitos envolvidos na pesquisa a ser realizada sobre o tema escolhido. Nessa etapa, uma rede (ou mapa) conceitual é elaborada como um planejamento de possibilidades de encaminhamentos para o trabalho. Essa rede (ou mapa) é construída com inúmeras propostas a serem desenvolvidas, permitindo diversas possibilidades de fazer e pensar sobre, de agir e raciocinar. Ao mesmo tempo, estabelece-se o maior número possível de relações, extraindo, de forma pessoal, construtiva e significativa, o sentido do conhecimento. Vale a pena destacar a flexibilidade para contemplar questões emergentes que deve caracterizar a proposta inicial.

O grupo de crianças participa de todas as etapas do projeto: do levantamento de hipóteses, da busca de informações à sistematização das descobertas, por meio da elaboração de um portfólio, que acompanha o percurso da construção do conhecimento, reapresentando o processo vivido. No final de cada ano, as crianças recebem seu álbum (portfólio) com o registro da sua história. Nele encontram-se fotos; desenhos; pesquisas feitas em casa; registros de comentários; hipóteses levantadas; textos dos professores; e a história coletiva que elaboram a partir das imagens revisitadas na recuperação do processo vivido: lugares da memória do que nos lembramos com emoção!

Em vários momentos, diante dos novos interesses e necessidades do grupo, ocorre um replanejamento, que só é possível se houver muita reflexão do educador com o coordenador e demais professores sobre as observações e os registros de cada etapa do trabalho vivido.

No final de cada projeto, educadores e educandos fazem uma reflexão avaliativa sobre a pesquisa compartilhada pelo grupo, para que sirva como gancho articulador dos passos seguintes, um elo para dar continuidade ao estudo, aprofundando novas pesquisas. Ao rever o percurso, a socialização de descobertas, preferências e desejos não realizados possibilita a tomada de consciência das aprendizagens vivenciadas.

Como conclusão, o trabalho com projetos realizado nessa proposta formativa é definido como um currículo em ação, a construção de uma proposta de trabalho que se faz à medida que é posta em prática. É uma ideia concebida para realizar algo num futuro próximo, ou não. Quando é um projeto maior, é um planejamento em si mesmo, ou pode ser formado por vários projetos menores. É um conjunto de procedimentos sobre determinado tema ou conteúdo, uma metodologia que se volta para o desenvolvimento de uma postura de investigação e pesquisa permanentes no grupo de aprendizes.

A postura metodológica adotada abarca, inclusive, o trabalho com projetos que integrem as diversas áreas do conhecimento, como o embrião de um trabalho interdisciplinar. Não seria considerado como projeto interdisciplinar pelo fato de que não se trabalha com disciplinas na Educação Infantil, mas com campos de experiências. Com base em um novo olhar conceitual que considera os direitos das crianças, a BNCC (BRASIL, 2018) apresentou uma nova proposta curricular, na qual o conhecimento é organizado em campos de experiências.

A interdisciplinaridade é vista como uma prática pedagógica autônoma e anterior ao construtivismo piagetiano pois, em 1896, John Dewey fundou, na Universidade de Chicago, a primeira escola experimental com esse caráter, em busca do que era comum às disciplinas ou ramos do conhecimento. A postura interdisciplinar caracteriza-se pela intensidade de trocas entre especialistas disciplinares e pelo grau de integração entre as áreas de conhecimento, trabalhando-se em um projeto específico de pesquisa.

A atitude do professor interdisciplinar é vista como a adoção de uma postura assumida diante do conhecimento, na qual se navega entre as várias áreas disciplinares, estabelecendo relações entre suas fronteiras. Há busca e coordenação de pontos em comum, de forma que uma disciplina ou área enriqueça e respeite os pressupostos fundamentais da outra, facilitando a aprendizagem e o reconhecimento do campo unitário do conhecimento como horizonte epistemológico.

Espera-se que o educador assuma uma postura de abertura, cooperação, flexibilidade e interação entre os conhecimentos previamente construídos e a descoberta de novas possibilidades de trabalhar os mesmos conteúdos, pois o saber e a cultura não são compartimentados. Dessa maneira, há superação das fronteiras disciplinares e de sua fragmentação. Essa postura não pode ser ensinada nem aprendida: ela precisa ser vivida e assumida, como afirmam Japiassú (1976) e Fazenda (1993). Para isso, o professor interdisciplinar tem que ser um profundo conhecedor dos objetivos a serem atingidos e do desenvolvimento infantil em cada faixa etária, para poder articulá-los nas oportunidades que surgirem, navegando entre regiões fronteiriças com suas especificidades, nuances e conexões possíveis.

A partir da socialização dos conceitos apresentados, estabelecemos que a metodologia a ser trabalhada seria os projetos temáticos integrados, de cunho interdisciplinar.

Assim, as áreas do planejamento seriam conectadas ao redor de um tema/tópico/eixo definido pelo professor, de acordo com os interesses das crianças. Haveria registro em narrativas diárias, portfólios anuais e redes com os conteúdos e objetivos trabalhados nos projetos, como será exemplificado na análise dos registros nos capítulos seguintes.

Como nas palavras de Martins,

> se concebermos os projetos como uma produção investigadora, mediadora e contextualizada do professor, e a considerarmos como um momento privilegiado em seu processo de formação contínua, o significado do registro em um processo é ampliado [...] O *registro* é a concretização de um pensamento reflexivo que acompanha todo o desenrolar do projeto, como uma "reflexão sobre a reflexão-na-ação" (Schön,1992). Pensamento reflexivo que se apoia em outros instrumentos metodológicos, como a observação, a avaliação e o planejamento. Sem estes instrumentos, o registro pode ficar limitado às descrições ou narrações, nem sempre com lentes interpretativas e avaliativas. E isto faz diferença, porque implica a construção de significados em nossa prática pedagógica que funcionam como alimento para novos projetos [...] os relatos parecem ser bastante pessoais, colocando o leitor na situação e expressando interpretações e avaliações. [...] o mais importante é que cada situação particular é julgada no sentido de tornar relevante o que é para ser visto, conhecido e comentado [...] não é fácil a vida de um projeto, mas tem algo especial. (MARTINS, 1999, pp. 244-50, grifo nosso)

As etapas da construção da cultura de registrar: um projeto de intervenção e formação em serviço

O trabalho com os cadernos de registro cumpre algumas etapas preestabelecidas a partir da metodologia de trabalho que propus ao grupo. Alguns educadores passam por todas, enquanto outros, apenas pela fase inicial e já se apropriam do instrumento[5].

No início, o trabalho é desenvolvido por meio de um relato oral do vivido pelo professor durante um dia de trabalho. Esta ideia baseia-se em Yinger e Clark (1985), que utilizavam gravações de relatos para anotar as ideias que passavam pela cabeça do professor enquanto planejava seu dia a dia. Na entrevista individual com a coordenação, o professor relata e relembra o que considerou significativo no dia anterior.

Na etapa seguinte, a coordenação executa o papel de escriba do professor e faz as anotações do episódio observado, para posterior discussão. O professor vê, por escrito, o registro de seu trabalho. Então, o educador começa a fazer seu registro escrito diário, da forma que achar melhor. Não há receitas, nem padrões predeterminados para a elaboração das narrativas, pois cada indivíduo vai se adequar a um jeito diferente de deixar as marcas de sua história, das propostas realizadas, das vivências e experiências ao longo de sua jornada cotidiana... escolhas significativas!

---

5 Para saber mais sobre instrumentos metodológicos, ver: PROENÇA, 2018, pp. 43-54.

ETAPAS NA AQUISIÇÃO DO HÁBITO DE REGISTRAR

Segundo Madalena Freire (2002), algumas etapas são comuns ao percurso de aquisição do hábito de registrar:
- **Relato oral:** contar, para que flua a linguagem espontânea.
- **Elenco de atividades:** o sujeito registra seu cotidiano como uma agenda ou uma lista de atividades a serem feitas ou que foram feitas, indiscriminadamente. Aos poucos, começa a selecionar algumas palavras que remetam ao que aconteceu e inicia a etapa de ampliação de seu registro.
- **Histórico detalhado:** o professor escreve minuciosamente tudo o que aconteceu em sua rotina, sem prestar atenção ao significado de cada fato ou atividade, nem destacar o que foi realmente significativo. Escreve páginas e páginas, com muitos detalhes e repetições, como se não quisesse esquecer nada na narrativa.
- **Início gradativo do exercício da capacidade de síntese:** passa a objetivar fatos, dados, características significativas do grupo e sentimentos pessoais, de forma mais condensada. Nesta etapa, já organiza com mais facilidade e objetividade seu pensamento e busca a essência.
- **Começa a questionar-se e a ir além do texto explícito, buscando refletir sobre o vivido:** levanta hipóteses, constrói sua teoria ao escrever de forma organizada seus fazeres e saberes cotidianos. Começa a buscar referenciais teóricos capazes de justificar suas ações; procura soluções para problemas relacionados aos conteúdos estudados e às atitudes do grupo durante as atividades; faz propostas de encaminhamentos possíveis para os conflitos vivenciados; registra de uma forma reflexiva e ativa sobre os dilemas do grupo e os questionamentos pessoais. ■

Para o educador chegar à última fase do processo, é preciso uma atuação significativa da coordenação, no sentido de problematizar os relatos que leu, por meio de comentários orais e escritos; colocar situações problema desafiadoras que o façam pensar em possibilidades diferentes das que usou; sugerir nutrição estética e ampliação de repertório, como a leitura do caderno de outro professor ou de um texto sobre o assunto; convidar à participação em reuniões com outros professores para que socialize seu ponto de vista e ouça o dos outros, entre outras possibilidades.

Os registros cumpriram um caminho externo aos sujeitos do grupo, pois partiram da coordenação, para se transformarem em um instrumento do grupo de professores, prazerosa e orgulhosamente compartilhados, criando uma **cultura escolar** de registrar a história do grupo. Um recurso externo que, ao ser apropriado por seu usuário – o professor –, passa a ser dele e para ele mesmo, tornando-se um recurso interno, facilitador e organizador do trabalho cotidiano.

A cobrança inicial é abandonada e registrar passa a fazer parte da rotina do professor, que considera o registro como algo que ajuda a clarear suas ideias, dar visibilidade e continuidade, com qualidade, a seu trabalho. O que começou como uma obrigação árdua para alguns, um desafio prazeroso para outros, passou a ser para muitos uma necessidade real, algo que faz sentido e auxilia o próprio trabalho. Do andar trôpego inicial, o professor alça voo. Leva tempo, mas ganha independência e, muitas vezes, supera e ultrapassa os propósitos iniciais da coordenação, que apoia sua trajetória da heteronomia para a autonomia.

Mesmo sendo um recurso trabalhoso, o registro desperta o interesse do professor, mobiliza-o para sua elaboração, e causa-lhe satisfação ao ver o produto final: sua obra. É trabalhoso porque implica a continuidade da escrita narrativa; o esforço linguístico de reconstruir o que foi vivido em um passado recente; o lidar com episódios densos de vida (daí serem significativos); pela constância rigorosa que exige, por muitas vezes ser feito após um dia de trabalho. Alguns professores se apegam tanto ao seu caderno que muitas vezes têm dificuldade para emprestá-lo! O problema é sanado ao se organizarem reuniões em que cada um faz a leitura de parte de seu registro, ou alguns são escolhidos, socializados e discutidos com o grupo.

As entrevistas individuais ou em pequenos grupos: a definição de rumos dos projetos, o acompanhamento das crianças e a tomada de consciência compartilhada através do diálogo

As entrevistas oportunizam um momento de intimidade, de escuta, de sistematização e verbalização dos próprios sentimentos e valores que permeiam o saber e o fazer cotidianos. É o momento de a coordenação fazer intervenções questionadoras a partir de suas leituras dos diários e das observações realizadas na sala de referência ou em outros espaços da escola. No encontro, há espaço para escuta; trocas de ideias sobre as crianças e os projetos desenvolvidos; confirmação de hipóteses e elaboração de novas; críticas; desabafos; tomada de consciência de atitudes rotineiras e mecânicas; posicionamentos. Isso leva ao fortalecimento de uma parceria a favor de conquistas, aprendizagens e crescimento profissional. A entrevista se transforma em um espaço de socialização de olhares sobre um mesmo foco, mas de lugares diferenciados.

A leitura dos textos de Dominicé (s.d.), Bosi (1998) e Canetti (1988) proposta no curso "Docência, Memória e Gênero" realizado na Faculdade de Educação da Universidade de São Paulo em 1999, aliada à obra de Nóvoa (1992), introduziu-me na metodologia das histórias de vida, confirmando a importância dos relatos autobiográficos no processo formativo e educativo do sujeito. A valorização dessa estratégia de aprendizagem e o sentido que a ela atribui, de reapropriação das histórias de vida, levou-me a planejar o trabalho de construção das narrativas das histórias de vida dos professores, para que pudessem perceber as escolhas feitas e em que circunstâncias se deram. Isso foi realizado em duas etapas: na primeira, o objetivo estava relacionado ao ato de registrar; na segunda, busquei desvelar o porquê de terem se tornado professoras.

Trabalhei, durante um mês, com entrevistas em duplas ou trios de professoras para fazer o levantamento de seus conhecimentos prévios sobre os registros, e uma avaliação do caminho percorrido, das conquistas realizadas e dos problemas encontrados para planejar os passos seguintes.

Optei pelo trabalho em pequenos grupos, pois as lembranças do coração do outro permitem que cada qual se volte para as suas. O diálogo foi aquecido por tais recordações que, por sua vez, possibilitariam uma articulação da memória entre as lembranças de outrora e a prática atual, ligação poucas vezes consciente. Cada professora respondeu, oralmente e por escrito, às questões a seguir, a partir da própria história de vida e da prática pedagógica em curso, exercitando um movimento reflexivo inicial.

> **REGISTRO: AMARCORD**
>
> REGISTRO – REGISTRAR: *Amarcord*...
> De que você se lembra relacionado a essas palavras? Quais são as suas recordações? Você já tinha o hábito de registrar? Onde? Em que situações? Quais os sentimentos que despertam em você? Como você viu e sentiu a proposta inicial – de fazer os cadernos de registro – e como você os vê agora? Que importância você atribui a eles hoje? ∎

Após um longo diálogo, com todas as emoções e os sentimentos que as lembranças da memória nos trazem, cada uma recebeu um papel para escrever uma síntese do que falou. Seguem alguns depoimentos:

> **Professora A** (29 anos): Ao registrar, procuro soltar-me, deixar fluir o meu pensamento, refletindo sobre o que aconteceu no meu dia a dia. Sou apaixonada pelo ato de escrever e, quando o faço, deposito na minha escrita tudo o que foi significativo para mim e aquilo que senti. Às vezes, chego a escrever coisas aparentemente sem importância; mas descobri que estas coisas também são valiosas. Também, ao escrever, ia mudando de ideia, percebendo os caminhos que poderia seguir e criando coragem para arriscar-me. A sensação é prazerosa – não porque escrevo (adoro), não é só por isso, mas porque vou percebendo um crescimento pessoal e é um momento em que me ponho a pensar sobre o que vivi. Busco tirar lições, sem me preocupar em aprender tudo, mas um pouco a cada dia! Assim, vou me construindo, crescendo. Registrar me faz colocar no papel tudo o que eu puder me lembrar para que os momentos vividos possam ser eternizados. É uma forma de extravasar!

Professora B (33 anos): Quando entrei no ginásio, mais ou menos com onze anos, eu tinha que preencher uma agenda com as datas dos trabalhos a serem entregues. Na verdade, eu gostava de, a cada dia, escrever o que eu tinha feito ou como eu estava me sentindo. Nesta fase, eu tinha muita dificuldade para conversar com alguém e acabava usando as agendas, que tenho até hoje, para "desabafar". Quando entrei aqui na escola, senti a necessidade de anotar tudo o que eu dava nas aulas, mas de forma bastante resumida, além da avaliação de cada criança para que, depois, eu tivesse as informações necessárias para fazer um relatório coerente com a realidade. Por isso, quando começamos a fazer os registros, não tive muita dificuldade para narrar as aulas, mas precisei de um "certo treino" para elencar conteúdos e objetivos. Também ficava bastante ansiosa para mostrar o meu fichário para Alice, pois tinha receio de não estar no caminho certo! Com o passar do tempo, fui aprendendo e, consequentemente, o trabalho se tornou mais fácil e prazeroso; hoje em dia, tenho a clareza de quanto me ajudou receber os bilhetes e incentivos da Alice (coordenadora) pelo que fiz, achando fundamental este espaço para os comentários (aguardo-os ansiosamente).
Acho superimportante o fichário de registro porque, além de nos dar base para a preparação das aulas, também documenta a nossa atitude na classe, o nosso "sentimento" quanto ao desenvolvimento e envolvimento nas aulas. Eu acho que cresci muito profissionalmente depois de ter iniciado este trabalho com os registros e superobrigado pela força e reconhecimento do meu trabalho!

Professora C (34 anos): Eu, pessoalmente, nunca fui de registrar nada! Nunca tive um "diário" e não gosto de registrar coisas da minha vida. As recordações são muito fortes para mim, mesmo as boas, que me emocionam muito. Aprendi a registrar aqui no Maternal e notei que, para meu espanto, tinha certa facilidade! Notei, também, que gosto de registrar e que, quando estou escrevendo, tudo flui com muita naturalidade. Os meus registros ficam geralmente grandes, pois percebi que tenho prazer em registrar. As ideias vão brotando e, quando vejo, ele já está pronto!
Quando vejo e releio o meu caderno de registro, percebo o quanto fiz e sei! É muito gostoso ver o meu caderno a cada dia mais "gordinho" crescendo e virando uma "obra feita por mim"! Não sei registrar e ouvir ao mesmo tempo quando estou numa palestra. Tenho mais do que um livro de receitas feito por mim e, ao mesmo tempo, não terminei os álbuns de fotografias dos meus filhos que estão crescendo! Fica como tarefa terminá-los nas férias.

Professora D (21 anos): Desde sempre gostei muito de escrever agendas, diários, cadernos... Gostava, e gosto, bastante de ler, e acho que isto facilita a expressão. Portanto, acho também que tenho facilidade para escrever, pois é uma coisa que flui, naturalmente... Para mim, registrar é sempre um grande prazer e, quando escrevo, costumo ser bastante reflexiva e expressar os meus sentimentos. Durante algum tempo, todos os dias, escrevia algumas palavras-chave sobre o que tinha acontecido. A maioria delas era sobre sentimentos... Tive experiências de viajar sozinha e o registro era uma maneira de *me* *sentir a minha melhor amiga*! Escrevia tudo o que tinha se passado, refletia, elaborava, *sentia mais uma vez as coisas vividas*...

Na verdade, minha meta de vida é ser escritora; então, não há dúvidas do grande prazer que tenho em escrever e registrar. Neste trabalho do caderno de registro das atividades diárias na escola, tive a oportunidade de enriquecer muito meu trabalho, através das reflexões que comecei a fazer *conscientemente*. É um momento de *parar e pensar em tudo o que aconteceu, como aconteceu, se deu certo, se não deu*! É um momento de *aprender com a experiência vivida* mesmo, de *aproveitar os erros e acertos, as dúvidas, as certezas*... Está sendo muito importante e enriquecedor este trabalho e eu, particularmente, acredito muito na eficácia do registro em todas as situações: aulas, palestras, viagens, histórias contadas, reflexões sobre o que aconteceu...

Professora E (21 anos): Até hoje abro uma agenda antiga, que passou a ser um diário de informações sobre meus primeiros contatos com o meu namorado e um espaço para copiar poesias, criar poesias, fazer acrósticos com os nomes da minha família e termos relacionados à emoção, sentimentos, tristezas etc. Esta agenda fica guardada, até hoje, dentro de uma caixinha e eu sempre a escondi muito bem. Mas, por outro lado, guardava uma vontade de a expor e deixar que as pessoas a lessem porque eu achava o máximo!

Meu caderno de registro acabou sendo uma forma gostosa de *organizar* minhas aulas e me leva, constantemente, a *reflexões. Não me preocupo com a leitura da Alice porque sei que ela não tem a preocupação de avaliar a minha ortografia ou a minha organização; e sim, fazer uma leitura construtiva,* que a auxilia a ter mais conhecimento do trabalho que estou desenvolvendo e possibilita uma crítica, um elogio ou uma lista de dicas. No início, foi muito difícil aceitar com tranquilidade a questão do registro diário. Hoje, acredito na proposta e faço, com prazer, pois é um momento de satisfação quando vejo que contei uma história legal ou que houve uma aula criativa. E, por outro lado, fico contente ao receber de volta o meu caderno, pois é muito gratificante saber que tem alguém interessado no seu trabalho. Isto incentiva e faz o professor crescer!

Na etapa seguinte, as professoras trabalharam na elaboração dos relatos intitulados "Por que me tornei professora?".

AS MÚLTIPLAS FACETAS DO EXERCÍCIO DE MINHA ATUAÇÃO COMO COORDENADORA PEDAGÓGICA

O exercício da função de coordenadora pedagógica complementa-se em múltiplas vertentes que se entrelaçam na construção da formação permanente em serviço. Elas serão apenas mencionadas, por se distanciarem do foco deste relato:

- **Observações de sala de aula**: nutriente do registro, do planejamento e da avaliação.
- **Entrevistas individuais**: um momento de intimidade, de escuta, de trocas, com devolutivas sobre as observações do dia a dia. Propiciam o encontro dos sentimentos e valores pessoais com os institucionais, além da reflexão sobre o processo de crescimento e aprendizagem do grupo.
- **Leitura quinzenal** dos cadernos com devolutivas individuais e coletivas; nutrição do conhecimento: textos complementares anexados aos cadernos.
- **Reuniões semanais com professores**: espaço de trocas e enriquecimento das práticas pedagógicas socializadas no grupo, com a exposição dos projetos.

- **Avaliações individuais**, por escrito, segundo roteiro feito pela coordenação a cada final de semestre. Discutidas nas entrevistas individuais, tornam-se um espaço de recuperação do projeto e do processo formativo como um todo, de acertos e faltas a serem trabalhadas no próximo ano, ao ser solicitado que elaborassem portfólios pessoais, com imagens que representassem o trabalho realizado.
- **Releitura pelo próprio autor** dos registros, para significação deste instrumento com vista à ampliação e socialização do trabalho realizado: uso de projeções nas reuniões com fragmentos dos textos. Exemplo: Releia seus registros e destaque: como, onde e a partir de que o projeto começou? Quais as preferências do grupo? Qual a maior dificuldade? Por quê? ■

O REGISTRO REFLEXIVO
Das lembranças da memória e do coração (*Amarcord*) à investigação pensante e questionadora da própria prática pedagógica

> *Quando registro, me busco.*
> *Quando me busco, registro.*
>
> Lucinha Guimarães

> *Porque na medida em que a gente se pergunta o que significa o processo de conhecer, do qual somos sujeitos e objetos – afinal de contas o que é a curiosidade, para o conhecimento? –, percebemos que uma das grandes invenções das mulheres e dos homens, ao longo da história, foi exatamente transformar a vida em existência – e a existência não se faria jamais sem linguagem, sem produção de conhecimento, sem transformação. Mas jamais com transferência de conhecimento. Conhecimento não se transfere, conhecimento se discute. Implica uma curiosidade que me abre, sempre fazendo perguntas ao mundo. Nunca demasiado satisfeito, ou em paz com a própria certeza [...] Não tenho por que ficar tímido, sem saber onde boto minhas mãos...*
>
> Paulo Freire (grifo nosso)

Um dos objetivos desafiadores do trabalho da coordenação é o de preservar as individualidades e singularidades dos professores e respeitar as características pessoais, sem buscar um padrão, uma forma estabelecida *a priori* para a elaboração dos cadernos de registros/diários/arquivos em computador.

Ao analisar os registros dos professores, pude perceber a existência de uma grande diversidade de formas. Optei por orientar procedimentos, preservando o estilo pessoal, as marcas próprias de cada um. Com rigor, sem aceitar qualquer coisa em nome da singularidade, todos os tipos de registros foram problematizados e encaminhados rumo ao avanço na reflexão e à crítica da própria prática.

Cada autor elabora um discurso sobre sua atuação, questiona-se em vários momentos e reflete sobre isso, além de explicitar seu pensamento sobre o que fez e pretende fazer. Dessa maneira, assume posições, hipóteses e constrói sua teoria pedagógica, que reflete sua concepção de educação, o cidadão que pretende formar, as possibilidades para tal e as propostas nessa direção. Afinal, como diz o poeta espanhol Antonio Machado (2006): "Caminhante, não há caminho/ Se faz o caminho ao andar".

A análise dos tipos de registros/diários: a constituição do sujeito-autor, a documentação, desdobramentos das histórias de grupo e projetos interdisciplinares

> *Ler significa reler e compreender, interpretar. Cada um lê com os olhos que tem. E interpreta a partir de onde seus pés pisam. Todo ponto de vista é a vista de um ponto. Para entender como alguém lê é necessário saber como são seus olhos e qual sua visão de mundo. Isso faz da leitura sempre uma re-leitura.*
>
> Leonardo Boff

Algumas dimensões podem ser observadas nos registros dos professores. Diário, horário, tarefa e pessoa encontram-se na classificação de Zabalza (1994) – categorização que uso como referência, à qual acrescentei outros termos, como agenda, sujeito e atividade, a fim de esmiuçar o que representa cada tipo de registro. Exemplifico-os com textos de professores de meu grupo de trabalho, escolhidos por se adequarem aos critérios propostos pelo autor.

A. Dimensão cronológica: diário/horário/tipo agenda das atividades
(10% do grupo usa preferencialmente essa modalidade)

Nessa dimensão, ou categoria, o registro serve como um organizador estrutural da rotina escolar. Seu foco é ser uma agenda para o professor. Estes registros mostram apenas a especificação do horário, ou a organização das atividades que serão – ou foram – realizadas. O professor elenca as atividades, como se fosse um planejamento do seu dia, listando cronologicamente a jornada cotidiana. Há um predomínio do fator tarefa. Desse tipo de registro, extraem-se: o planejamento realizado pelo professor: conteúdos, temas, sequência de trabalho, entre outros pontos; a percepção do projeto pedagógico da escola; os recursos didáticos preferidos de cada professor. É mais compacto do que os outros tipos de registro, fornece poucas informações à coordenação e não exige a reflexão do professor.

Os exemplos a seguir se referem a professores que trabalharam nesse grupo desde o início da proposta, revelando as opções que fizeram pelos diferentes tipos de registros e a evolução de seu pensamento ao propor atividades isoladas da construção do pensamento projetual, que contextualiza propostas e narrativas em função da investigação de interesses das crianças.

EXEMPLOS DE REGISTRO TIPO AGENDA DE ATIVIDADES

Professora X
Classe: 20 crianças com 3 anos a 3 anos e meio
Tema: Animais do zoológico

2ª feira, 6 de abril
- Rotina: roda da conversa e agenda do dia.
- História com livro e dramatização de um passeio ao zoológico.
- Introdução do círculo com os arames; exercícios de andar em cima da linha do círculo, pular dentro e fora (jaulas dos animais).
- Periquito: levar gaiola na sala, observar, cuidar, dar alpiste, cantar, dar água.
- Coordenação motora manual: colagem de forminhas em cima da linha do círculo (guardar o desenho para desenhar dentro do círculo com lápis de cera)

OBS.: A conversa sobre os animais sempre desperta o interesse das crianças, que têm diversos comentários a fazer. Cantamos várias músicas e a dramatização foi animada, principalmente quando os animais "fugiram das jaulas e as crianças tinham que achar um lugar para se esconder". Foi a maior gritaria! Trabalharam bem com a cola, metade do grupo já faz o movimento de pinça ao segurar o pincel. Preciso ficar atenta aos movimentos de um menino, pois tem virado a mão ao contrário para segurar o pincel. Talvez trabalhar separadamente com ele: pregadores, massa, barro.

4ª feira, 8 de abril
- Rotina: observação do tempo.
- Jogo dos pares: Mico. O jogo – cartas espalhadas pelo chão da sala – foi supergostoso e as crianças fizeram com mui-

> ta rapidez. Em um minuto já encontravam os pares dos bichos. Como vi que estava muito fácil, trabalhei nas mesas, espalhando quatro cartas em cada uma e dando os pares para quatro crianças. Eu disse que "quando batesse palmas, cada uma iria procurar o par de seu bicho". Logo encontraram! Apenas Bruna não conseguiu encontrar o par de seu bicho.
> - Jogo livre de matemática com os animais de plástico; depois, contar uma história e fazer um jogo dirigido (classificar por espécie). Muitas crianças já estão agrupando por espécies sozinhas e mantêm o critério quando questiono se posso alterar o que fizeram: Ivan, Flavio, João Felipe, Isabela se destacam pela facilidade com que agrupam.
> - Peixe: cuidar do aquário, exercícios fonoarticulatórios, exercícios com as mãos, cantar.
> - Ateliê: tinta guache no painel, massinha, giz molhado na lixa.
>
> **OBS.:** Vou continuar a explorar os animais, trabalhando com o corpo, dramatizando, cantando, comentando as características dos animais etc. O tema "apaixonou" as crianças, que se ligam muito a tudo o que é da natureza.

B. Dimensão referencial: diário/tarefa/tipo de atividade (20% do grupo)

O registro é utilizado como espaço para descrição das propostas realizadas junto ao grupo. Seu foco é a realização de tarefas que aconteceram ao longo do dia. A descrição pode ser breve ou com detalhes minuciosos. Às vezes, o professor inclui elementos subjacentes às propostas: porque é que as faz, o que pretende com elas, que recursos usou ou usará etc. O trabalho da coordenação tem em vista que os professores procurem escrever nesta dimensão, que é fundamental para o crescimento da reflexão sobre a prática pedagógica. A coordenação problematiza as atividades realizadas, a fim de favorecer a apropriação da justificativa das escolhas e do envolvimento do grupo com as propostas.

Há um predomínio do conteúdo – fator tarefa. O que determina a estrutura da narração é a tarefa ou o horário previamente determinado. As tarefas prevalecem como eixo em torno do qual vai se estruturando a narrativa. Esse tipo de registro possibilita à coordenação participar de maneira mais próxima da dinâmica do trabalho e conhecer o pensamento do professor.

EXEMPLOS DE REGISTRO TIPO TAREFA/ATIVIDADE

Professora Z
Classe: 20 crianças com 3 anos e meio a 4 anos
Tema: Projeto Animais

2ª feira, 1º de junho
Hoje a aula de ginástica foi inteira com os arcos. Para introduzir, sentei-me com as crianças no chão e contei a história do dono do zoológico, que tinha me ligado pedindo ajuda para prender alguns animais que haviam fugido das jaulas. Então, para começar, dei um arco para cada criança fazer de conta que era uma direção (iríamos guiar nosso carro para ir até o zoológico). No início, todas andaram livremente; depois, fiz com fita crepe um caminho para ser seguido (andar em cima da linha). Ao chegar ao zoológico, combinamos que iríamos ajudar a prender, primeiro, os macacos que fugiram das suas jaulas. Com isto, trabalhamos bastante o exercício de pular dentro e fora do arco – jaula – colocado no chão. Depois, organizei todos os arcos no chão, formando um percurso, para que todos os coelhos pudessem seguir o caminho, pulando com os dois pés juntos de um arco para o outro, voltando para

as suas tocas. Por último, coloquei o túnel de pano esticado, dizendo que os jacarés precisavam de auxílio para voltar à lagoa. As crianças deveriam passam rastejando por dentro do túnel. Adoraram! Fizeram várias vezes este exercício. Fico preocupada com os três meninos que não querem saber de fazer nada, só pensam em escapar do pátio para brincar... O que será que os mobiliza, já que a atividade foi prazerosa para a maioria? Como fazer para motivá-los a participarem das aulas? O que você me sugere?

4ª feira, 3 de junho

Fui com as crianças para a aula de música com a professora especialista. A professora titular estava em conversa com a coordenadora. Cantamos várias músicas sobre animais, imitamos seus sons e seu jeito de andar: cavalo, sapo, passarinho e cobrinha. As crianças exploraram os instrumentos para fazer o barulho dos animais:

- bateram com os coquinhos no chão, como se fosse o barulho do casco do cavalo;
- tocaram guizos para imitar o barulho da cobrinha;
- tocaram pauzinhos, como se fossem as patas do cachorro.

Depois da aula de música, fui com as crianças para o ateliê. O dia era de *finger* (massinha quente). Vesti avental nas crianças para que sujassem menos o uniforme, espalhei o *finger* sobre a mesa e pedi que pusessem o dedo bem devagar para ver se já tinha esfriado a massinha. Depois de trabalhar a temperatura da massinha, quando ela esfriou, vimos a consistência dela, se era dura como barro ou mais mole como a massinha. Trabalhei a cor – amarela – do *finger* e exploramos todos os movimentos com dedos e mãos:

- espalhar a massa com toda a palma da mão, as duas;
- trabalhar com as costas das mãos;
- trabalhar com as pontas dos dedos;
- só com as unhas;
- com as mãos em pé, como se fosse dar um golpe de caratê.

> Por fim, brincaram livremente quanto tempo quisessem.
>
> **OBS.:** Algumas quiseram tomar banho em seguida, mas a maioria ficou quase uma hora no ateliê. Adoraram!
>
> Fomos à sala de vídeo e passei o vídeo do "Mundo Animal".
>
> **Alice:** Tenho percebido que, às vezes, não consigo fazer tudo o que planejei devido ao horário em que fico com a classe. Por isso, nesta semana, planejei *poucas e diferentes atividades que trabalhassem com os animais, que interessassem bastante as crianças. Na próxima semana, vou trabalhar com os alimentos que os animais nos fornecem. Vou começar com a vaca, explorando o leite, a manteiga e a carne. Você acha que é possível irmos ao açougue na próxima 4ª feira? É preciso agendar e mandar autorização para os pais? Beijos.*

C. Dimensão expressiva: diário/pessoa/tipo sujeito
(20% do grupo)

Nessa dimensão, o registro traz as crianças e o próprio professor, revelando a direção para a qual ele encaminhou seu olhar, sua forma de ver o grupo e as propostas que faz. Tornam-se, na verdade, recursos expressivos e autoexpressivos. Seu foco está nos sujeitos que participam do processo pedagógico.

Há um predomínio do fator pessoal sobre a tarefa. O professor descreve as características dos alunos, seus nomes, progressos, dificuldades, incluindo com frequência referências a si próprio: como se sente, como atua, o que acha. A descrição centra-se nos protagonistas: os problemas com as crianças, as relações que se estabelecem, os conflitos e dúvidas do professor.

A referência constante a si mesmo é uma característica marcante, pois é o professor quem vive e atua, pessoalmente, a tarefa educativa junto a seu grupo de crianças. Mesmo quando as atividades realizadas são narradas, prevalecem as referências aos sujeitos em questão. A ótica dominante é a dos indivíduos do grupo. Este tipo de registro aponta indícios e fatos de como o professor lida com conflitos e desafios cotidianos.

EXEMPLOS DE REGISTRO TIPO SUJEITO

Professora W
Classe: 19 crianças com 2 anos e meio a 3 anos
Tema: Alimentação

Síntese do mês de junho
Este grupo foi muito bem desde o início do ano. A adaptação foi fácil, dentro dos problemas previstos para este período. Apenas algumas crianças foram um pouco mais complicadas. Aos poucos foram criando um vínculo mais estreito comigo e com a auxiliar e passaram a ficar bem na escola.

É uma turma harmoniosa, com crianças com muitas informações, que estão bem entrosadas e formam um grupo homogêneo, muito animado. Tem crianças muito "levadas", mas isto colaborou para que os mais fechados e introvertidos se soltassem e ficassem mais à vontade na escola. É uma turma alegre, barulhenta, mas apaixonante. Acho que consegui trabalhar com eles vários dos conteúdos do nosso planejamento, pois são crianças muito interessadas, que participam ativamente de tudo que é proposto. Mesmo os agitados, como André, Pedro S., Gabriel e João Pedro acabam por se interessar e participam com prazer das atividades.

O grupo progrediu muito do ponto de vista de sociabilidade e independência, está bastante unido, mesmo os dois, que são mais "agressivos". Noto, também, progressos quanto à coorde-

> nação motora, principalmente nas aulas de ginástica, que adoram. Estão mais soltos e fazem com animação os exercícios. As crianças têm frequentado a escola com mais constância do que no início, o que auxilia muito o entrosamento do grupo.
> O tema que escolhi para este mês foi o da Alimentação e as crianças "curtiram" com vontade este trabalho. Adoraram provar o leite com Nescau, a manteiga e o pão oferecido no café da manhã que "inventamos" na nossa sala e vibraram chegar na escola vestidas com pijama.
> Outra atividade bastante prazerosa para o grupo foi ir visitar o açougue vizinho e comprar a carne da vaca. Ajudaram a fazer os bifes na cozinha da escola e arrumaram a mesa com animação.
> Tivemos muitas conversas informais na roda, histórias com fantoches dos bichos e livros, imitamos animais e os exploramos nos jogos de Matemática. Fizemos a montagem de uma feira para comprar verduras e um supermercado, montado com sucata e os carrinhos, que deu o maior ibope!
> Para o mês de agosto, pretendo continuar a trabalhar com a alimentação, seguindo a exploração dos alimentos que a vaca nos dá, o peixe e a galinha.
> Achei que o trabalho desenvolvido deu bons resultados. O que você pensa sobre isso?

D. Dimensão integrada ou holística: misto entre os tipos de registro sujeito e tarefa/atividade
(50% do grupo)

Nesta dimensão, há uma mescla entre o predomínio das tarefas e dos sujeitos, pois ocorre uma integração entre a dimensão expressiva e a referencial. Através da leitura dos registros do tipo misto, é possível se familiarizar não só com o que o professor faz na sala de aula, mas com o modo como ele vê a dinâmica, como as crianças se relacionam entre si e com as propostas das diferentes áreas do conhecimento.

Este tipo de registro é mais abrangente que os demais, pois socializa mais dados com a coordenação, de modo a apoiar o professor no seu dia a dia. O professor descreve suas emoções, pensamentos, opiniões, dilemas, conflitos, e problematiza seu cotidiano, desenvolvendo uma atitude reflexiva em relação ao seu fazer pedagógico e seu modo de ser enquanto profissional. Há uma riqueza de material para exploração do mundo pessoal e pedagógico do professor. É uma fonte de acesso ao seu conteúdo enquanto sujeito e de como lida com a construção de conhecimentos do seu grupo.

O professor narra seu cotidiano por meio de uma síntese objetiva, com alguns fatos significativos descritos com mais detalhes, tendo as crianças como protagonistas constantes. Interessante notar que, nesse tipo de registro, há um olhar integrado para as propostas realizadas, narrativas que fortalecem a continuidade das pesquisas feitas nos projetos em ação.

EXEMPLO DE REGISTRO TIPO INTEGRADO

Professora B
Classe: 18 crianças com 3 anos a 3 anos e 6 meses
Tema: Projeto Japão

Registro de uma semana de atividades (abril)

2ª feira, 6 de abril
Hoje pedi para as crianças se sentarem nos banquinhos e contei a seguinte história: Fernando, que saiu da escola, convidou Renato para ir visitá-lo. Eles brincaram muito e ficaram com muita fome. Os meninos resolveram convidar o vovô Ta-

naka para comer o bolo e pegaram a bicicleta para ir até a casa dele – dramatizar o movimento de pedalar. O vovô estava lendo um jornal, em japonês. Aproveitei para mostrar um jornal japonês às crianças e fazer uma conversa sobre o conteúdo de um jornal. As crianças fizeram muitos comentários, mostrando-se bem-informadas sobre o assunto. Fomos com o vovô até o supermercado comprar os ingredientes que faltavam para fazer o bolo. Montei uma prateleira de supermercado com sucata, contendo pacote de açúcar, caixa de ovo e de leite, lata de fermento e de margarina. As crianças exploraram bastante as embalagens, comentaram sobre elas, inclusive "leram" seus rótulos e fizeram "compras" com seus carrinhos. Adoraram!...
No segundo horário, as crianças exploraram cada um dos ingredientes, todas as percepções foram trabalhadas e o bolo, depois de pronto, foi oferecido aos pequenos. Vibraram com o passeio e a atividade foi um sucesso!

4ª feira, 8 de abril
Hoje foi o último dia de escola antes da Semana Santa. Todas as professoras se juntaram para fazer um dia diferente para as crianças, que haviam trazido salgados e doces para o lanche comunitário que teríamos. Inicialmente, as crianças foram para o ateliê e desenharam máscaras: cada uma fez a sua, do jeito que quis, com giz molhado, tinta guache ou lápis de cera. As professoras improvisaram fantasias com os panos, fizeram um teatro para as crianças, e foram dançar no final. A história era do coelho que queria ser diferente e acaba descobrindo que é legal ser como ele é! A professora de Música tocou várias músicas e as crianças cantaram conosco. Divertiram-se, mas alguns pequenos choraram assustados com as fantasias e a quebra da rotina.

Proposta de planejamento para a próxima semana:

- desenhar lanternas japonesas;
- fazer dobradura do pássaro da felicidade do vovô Tanaka (do livro que estão vendo);
- introduzir o círculo a partir das tigelas japonesas;
- fazer o almoço japonês com sushi (combinar com a Clau-

> dia M. para fazer os sushis aqui na escola). As crianças deverão trazer quimonos e sandálias japonesas que tenham em casa.
>
> **OBS.:** O interesse das crianças pelo projeto me surpreendeu! A ideia do trabalho partiu de uma conversa informal em que lhes contei que, no fim da semana, eu havia ido a um churrasco japonês. Elas se mostraram muito curiosas e eu comecei a falar sobre os costumes japoneses. Trouxe um livro de casa sobre um avô e uma avó que imigraram para o Brasil, vindos do Japão. Daí em diante, tudo se completou e já estamos no projeto há mais de quinze dias, e vai longe... Valeu!

Não se pode julgar os diferentes tipos de registro, mas podemos constatar os registros que fornecem mais ou menos informações significativas sobre o trabalho, o modo de pensar do professor e sua potencialidade formativa. Observam-se, também, mais ou menos questões do professor sobre sua prática pedagógica e a diferença entre os que apenas narram fatos vividos dos que constroem argumentações reflexivas. Os tipos de registros expressivos e referenciais trazem uma riqueza de informações que, com as entrevistas, observações em sala e reuniões com demais professores, são os que mais auxiliam a coordenação, além de qualificarem o desenvolvimento profissional do professor.

Todos os registros têm seu valor, pois são a expressão da prática pedagógica do professor e apontam dados à coordenação sobre o estilo de cada docente, que deve ser, como norma da coordenação, preservado. Ganham força como instrumentos de reflexão do professor, que se vê diante de uma situação na qual deve escrever para pensar sobre seu cotidiano e pensar para escrever sobre sua prática pedagógica, justificando-a e teorizando-a, explicitando o seu ser-fazer-saber docente. O desafio proposto a cada docente é o de criar boas perguntas para observar o cotidiano e propor situações cada vez mais significativas a seu grupo, respeitando a singularidade de cada criança.

Além da escrita, outras linguagens foram utilizadas, tais como: registro fotográfico, filmagens, desenhos das crianças, imagens de obras de arte, relatos de sonhos, pesquisas que as crianças faziam com seus pais (que escreviam seus comentários), portfólios dos professores, álbuns das crianças etc. Não vou aprofundar a reflexão sobre eles aqui por se distanciarem da escrita, enquanto foco da pesquisa.

As categorias de análise dos registros

A escolha das categorias de análise dos registros das três professoras já mencionadas baseou-se no papel da memória e na construção da reflexão do professor-autor, segundo uma abordagem interdisciplinar, no sentido de abarcar aspectos objetivos e subjetivos dos fazeres e saberes cotidianos das docentes. Essa visão se alicerça nas ideias de Nóvoa e mescla aspectos pedagógicos e psicológicos do sujeito-educador – tomado como uma pessoa, portanto com sentimentos, crenças e valores construídos a partir de sua história de vida, e como profissional de Educação Infantil.

A releitura das narrativas procurou investigar as marcas do processo nos textos das professoras, todos de tipo integrado-misto. Os critérios referem-se às tessituras da memória pessoal e grupal; os recortes escolhidos para escrever sobre o dia a dia; a definição do foco do registro; e a percepção de sua função como elemento de formação profissional – *Amarcord*: escrever para pensar ou pensar para escrever?

Ao analisar tais registros, pude perceber a frequência com que certos temas e histórias se repetiam. Eles representavam a preocupação do professor com o trabalho docente e, concomitantemente, diferenciavam-se e se ampliavam, constituindo os embriões da autoria. Os textos traduziam a forma como temas e histórias emergem de cada grupo, por meio da repetição, do aprofundamento e da elaboração que o professor faz do que acontece no dia a dia com as crianças. A matriz que cada professor constrói transforma-se em um repertório de atuação que, ao mesmo tempo que é singular, possibilita sua generalização ao se categorizarem atributos comuns à construção da autoria.

> **CATEGORIAS DE ANÁLISE DOS REGISTROS**
>
> Para a análise, foquei em oito categorias isoladas, mas não excludentes, pois vários trechos dos registros poderiam se adequar a mais de uma categoria:
> - **Critério 1 – Descobertas no cotidiano**: conquistas, acertos, superação de conflitos, criação de estratégias metodológicas.
> - **Critério 2 – Adaptação do projeto** aos interesses, preferências, desejos, necessidades/faltas das crianças.
> - **Critério 3 – Repetição de temas/histórias**: motes para a tessitura das atividades do projeto planejado, ao longo dos anos. Servem como matrizes para o aperfeiçoamento e a elaboração das atividades e dos conteúdos a serem desenvolvidos.
> - **Critério 4 – Início do projeto**: como ele é apresentado e construído com as crianças.
> - **Critério 5 – Emergência de objetos/personagens**: símbolos com os quais as crianças se identificam e que se tornam o

> fio condutor das atividades desenvolvidas e de cada projeto de trabalho.
> - **Critério 6 – Elaboração da rede** que, ao explicitar a integração dos elementos do projeto, possibilita uma visão de conjunto das atividades e articulação entre os conteúdos trabalhados.
> - **Critério 7 – Movimentos de integração** entre professores, alunos e pais, viabilizando o fortalecimento das parcerias.
> - **Critério 8 – Avaliação constante,** que tem a função de regular o trabalho, no sentido de dar continuidade ao tema proposto, ou não, de acordo com os interesses das crianças: fonte para o replanejamento do projeto. ■

Os critérios para análise tiveram como objetivo coletar dados e estabelecer conexões entre os registros das professoras, de modo a criar um referencial pedagógico para a cultura de registrar no grupo de docentes de Educação Infantil: uma forma de organizar as singularidades desveladas por meio das narrativas dos educadores da infância. Muitos outros critérios poderiam ter sido selecionados, mas a articulação desses oito à formação permanente em serviço foi preponderante na escolha para que o fio condutor não fosse truncado.

Os registros das educadoras, o desenvolvimento pessoal, profissional e a construção dos projetos interdisciplinares na Educação Infantil

Amarcord e os significados da prática pedagógica

Os recortes apresentados são dos registros de três professoras, todos eles do tipo misto, pois contemplam a sequência das atividades realizadas e os sujeitos que dela participaram

– professores, alunos, coordenação, famílias – com todas as suas emoções, acertos, ansiedades e desafios. Selecionei-os com o objetivo de exemplificar cada um dos critérios citados.

Para efeito didático, os textos de cada professora foram analisados separadamente com o intuito de articular fragmentos de seus textos que validassem os critérios estabelecidos.

Procurei acompanhar seus trabalhos no decorrer desses anos a fim de registrar a evolução de suas posturas investigativas na construção da autoria. As professoras serão identificadas apenas com a idade do grupo com que trabalham a fim de preservar suas identidades.

Professora do grupo de crianças com quatro anos

Critério 1 – Descobertas no cotidiano: conquistas, acertos, superação de conflitos; criação de estratégias metodológicas.

A narração do vivido documenta não só a experiência, mas também a mudança dos rumos traçados, revelando flexibilidade e abertura para lidar com o inesperado, que permeia o cotidiano da sala de aula.

> [...] estou especialmente envolvida com este grupo e comecei o ano muito esperançosa, pois quero fazer um bom trabalho e passar um ano tranquilo [...] acho que o saldo está positivo e os resultados estão me surpreendendo.

> [...] estou contente e mais tranquila, pois a fase de adaptação deste ano me deixou desanimada e aflita: não me ouviam e não se interessavam [...]

> [...] fiquei mais confiante e bastante empolgada depois de ter encontrado este caminho, pois, como to-

dos os anos, foi difícil ficar calma durante os primeiros dias – espero com ansiedade as ideias surgirem, ver a classe integrada, produzindo. Isso é que me motiva e enriquece meus pensamentos.

[...] estou preocupada com a dependência e apatia de Laura, que está com um olhar triste e só come se o alimento for dado em sua mão [...] acho melhor você (CP) chamar os pais para uma entrevista [...] preocupo-me, também, com João, pois vou trabalhar a família e preciso saber: como ele lida com a perda do pai? Ele sabe que morreu? Ele fala seu nome? [...] aguardo orientação [...].

[...] estou preocupada com Juca, pois na aula de hoje, ele chutou os fantoches da família e comentou: "É feio o papai!" [...] a mãe comentou que estão pensando em mudar de terapeuta e que a agressividade dele se acentuou demais desde o início da terapia. Que fazer? Como lidar?

[...] primeiro fizemos exercícios com as mãos (mexer os dedos, mãos duras e moles, apertar os ossos...), depois passamos o pompom de lã pelas várias partes do corpo (esquema corporal) e brincamos de roda: "Ciranda, cirandinha" e "Atirei um pau no gato", adoraram [...].

[...] as crianças classificaram as figuras das revistas sobre as dependências de uma casa e fizeram o jardim da Lineia, como o do Monet, que viram no livro de história que contei (trabalharam a casa e suas dependências, além de ouvir a história com o livro).

[...] espalhei os panos azuis no chão e convidei as crianças para uma pescaria no mar [...] usei os peixinhos de plástico, a música do "Marinheiro" e as varinhas feitas no ateliê, com canudos de sucata e barbante [...].

[...] hoje foi o grande encontro com os pais [...] as crianças ajudaram na preparação da classe e fizeram um caminho com as garrafas coloridas para seus pais passarem [...] tinha um lanchinho com café, suco e pão de queijo [...] as crianças entregaram a seus pais o livro que fizeram [...] os pais fizeram muitos elogios, emocionaram-se e deixaram registrado (por escrito) o que acharam do encontro para inauguração da exposição de Arte... foi um grande sucesso!

[...] fiz esse planejamento para a adaptação; mas, como sempre acontece no início das aulas, as coisas foram acontecendo de maneira diferente do que foi programado [...].

[...] hoje trouxeram como pesquisa de casa vários objetos que levam para a praia: maiô, chinelo, balde, chapéu [...] minha ideia era ficar com eles no pátio da frente e encher os baldes com água, mas infelizmente choveu e ficou frio [...] propus a eles um passeio até a praia, dentro da classe [...] vestiram os maiôs por cima do uniforme, o que acharam engraçado [...].

[...] como o tempo melhorou, hoje pudemos fazer a dramatização do passeio à praia, no pátio [...].

Critério 2 – Adaptação do projeto aos interesses, necessidades, preferências, desejos, necessidades/faltas das crianças.

[...] hoje no ateliê, eu me sentei com as crianças e perguntei se gostariam de brincar de barco, ou se queriam fazer outra coisa. Metade do grupo me disse que queria brincar de barco, mas a outra se dividiu entre massa e tinta [...] respeitei a vontade deles e pus massinha e tinta em uma mesa, e virei a outra para fazer o barco com que iriam brincar [...].

[...] adoram ouvir histórias [...] por enquanto, estou investindo nelas, assim fico mais próxima a eles [...].

[...] como adoram brincar com as panelinhas, copinhos e talheres da sala de brinquedos, fui buscá-los para que usassem ao explorar os grãos de feijão, brincando de fazer comidinha [...].

[...] peguei as panelinhas que usaram para brincar e uma panela grande de pressão para fazer feijão de verdade. Adoraram!

[...] os que tinham escolhido brincar com o barco, acabaram inventando uma brincadeira de fantasma [...] não sei se mudaram de ideia porque a brincadeira se esgotou, ou porque eu coloquei a mesa virada em uma posição diferente [...] preciso observar [...].

[...] as crianças desenharam no A3 com lápis de cera: primeiro, com uma música bem calma e, depois, com uma bem agitada... ao acabarem, receberam outra folha de *creative paper* preta para desenharem como quisessem, rasgar e colar os pedaços rasgados livremente [...].

[...] no ateliê, arrumei vários materiais e cada criança escolheu com o que queria fazer sua colagem: palitos, forminhas, rolhas, ou se queria desenhar com lápis de cera.

[...] elas se dividiram, espontaneamente, em duplas

ou trios, e brincaram livremente por meia hora com jogo O Pequeno Construtor; algumas agrupam espontaneamente materiais semelhantes [...].

[...] cada criança escolheu o bicho que queria ser e foi se esconder atrás das mesas para dormir [...] com o barulho do tambor, acordaram e chamaram os caracóis amigos para uma dança de roda [...].

Critério 3 – Repetição de temas/histórias: motes para a tessitura das atividades do projeto planejado, ao longo dos anos. Servem como matrizes para o aperfeiçoamento e a elaboração das atividades e dos conteúdos a serem desenvolvidos.

[...] eles gostaram tanto das brincadeiras com as mãos, que passaram o dia fazendo comparações do que era mole/duro (ossos) [...] aproveitei para fazer mais perguntas e criar dúvidas, porque as crianças estão questionando o assunto e tocando mais no próprio corpo [...] Lívia me disse que a bochecha era molinha e o joelho muito duro porque tem osso! [...] o esqueleto voltou a nos visitar e as crianças brincaram de lavar suas mãos com as escovas de unha [...].

[...] repetimos o trenzinho que o André ensinou (trabalho corporal) e fizemos a roda com gestos variados... em seguida, dançamos com as músicas do "Peixinho" e da "Rosa Vermelha" [...].

[...] hoje eu relembrei com as crianças a conversa sobre o passeio de barco e propus um novo passeio de barco [...] ao som do CD do "Marinheiro" (Bia Bedran), entraram no barco que fiz com dois panos azuis grandes, amarrados [...] Gui, que tem paixão por barcos, foi o nosso capitão [...].

> [...] na continuidade do Projeto Barcos, hoje o golfinho Chocolate veio nos visitar (bicho de pelúcia) [...] peguei os panos azuis e nosso barco já estava lá [...].
>
> [...] estão gostando tanto da brincadeira de barco que já a repeti várias vezes na sala ou no ateliê.
>
> [...] retomei com as crianças a conversa sobre a casa dos peixes (água) e do coelho (terra) [...].

Critério 4 – Início do projeto: como ele é apresentado às crianças.

Projeto Japão (a professora iniciou a proposta):

> [...] durante nossa conversa informal sobre o fim de semana, contei que havia participado de um churrasco na casa de um amigo japonês. Conversamos muito sobre o que é churrasco, saladas preferidas e a importância da alimentação para crescer saudável [...] contei sobre as saladas japonesas, seus nomes e onde são servidas [...] mostrei uma surpresa: o *hashi* (palitinhos), tinha três tipos diferentes, que comparamos e brincamos [...] para finalizar coloquei uma música japonesa [...] adoraram [...] acho que vou dar continuidade [...].

Projeto Contos de Fadas (iniciado pelo interesse em conjunto das crianças e da professora):

> [...] iniciamos o projeto a partir de uma conversa no ateliê sobre príncipes e princesas, bruxa e maçã envenenada [...] viram o vídeo e dramatizaram [...] em outro dia, estávamos brincando com a massa quando a Maria me perguntou se era a maçã envenenada: começou a farra! [...] como se apaixonaram pela brincadeira, amaram brincar de desmaiar, eu comecei a explorar o tema [...].

Projeto Argila (iniciado pelas crianças e pela professora):

> [...] comecei o trabalho com argila e eles amaram bater na mesa até ela amolecer [...] achei importante que eles manuseassem a argila sem se preocuparem ou ficarem aflitos com o que iriam fazer [...] no final, a embrulhamos em um pano molhado e a guardamos para amanhã [...] gostaria de levá-los ao ateliê de um artista. O que você acha?
> **Obs.:** a visita ao ateliê de uma ceramista foi feita a seguir, foi muito interessante e alimentou o projeto em andamento.

Critério 5 – Emergência de objetos/personagens: símbolos com os quais as crianças se identificam e que se tornam o fio condutor das atividades desenvolvidas e de cada projeto de trabalho.

> [...] enquanto a auxiliar contava uma história, eu preparei a surpresa do dia: trouxe uma galinha de borracha escondida dentro do meu casaco e fiz como num teatro... introduzi a parlenda "A galinha do vizinho" e fizemos a roda [...].

> [...] contei que o Lico (fantoche) resolveu ir para a cozinha do barco preparar um suco com vitaminas (cenoura com laranja).

> [...] depois de muito suspense, descobrimos um coelho peludinho (pelúcia) embrulhado em um tapetinho [...] resolvemos cuidar dele por uns dias [...] dei início à roda de conversa aproveitando a fala do coelhinho, que chamamos de Zezinho [...]. Hoje iniciei a entrega do coelho de pelúcia, que vai um dia para a casa de cada criança: estão ansiosos

de tanta vontade [...] eu comecei a conversa contando do banho que Felipe deu no coelho, quando foi para casa dele [...].

[...] o que ficou muito forte foi o quanto este coelho ajudou na integração do grupo, na proximidade com as famílias e no envolvimento das crianças com as dramatizações [...]. Eu fiquei mais confiante e bastante empolgada depois que encontrei este caminho.

[...] contei histórias de cavalos, passeamos pela fazenda, fizemos exercícios fonoarticulatórios e andamos nos cavalos de pau, que pintamos no ateliê com cabo de vassoura, ouvindo a música do "Garibaldo". Foi uma farra!

[...] todo o pátio estava enfeitado para o encontro de Natal, com as garrafinhas de águas coloridas que as crianças fizeram no ateliê (cores) e brincaram com elas durante todo o semestre. Estava lindo, com todas as garrafas cheias de cores tão diferentes!

[...] estou muito contente por ter encontrado um caminho tão interessante para meu projeto (Japão). As crianças estão gostando muito e eu estou muito empolgada e bastante envolvida com as propostas [...] as ideias surgem mais facilmente e o resultado é prazeroso para as crianças e gratificante para mim [...].

Critério 6 – Elaboração da rede que, ao explicitar a integração dos elementos do projeto, possibilita uma visão de conjunto das atividades e a articulação entre os conteúdos trabalhados.

Rede do Projeto Pingos (ver em: PROENÇA, 2018).

BOLA MÁGICA

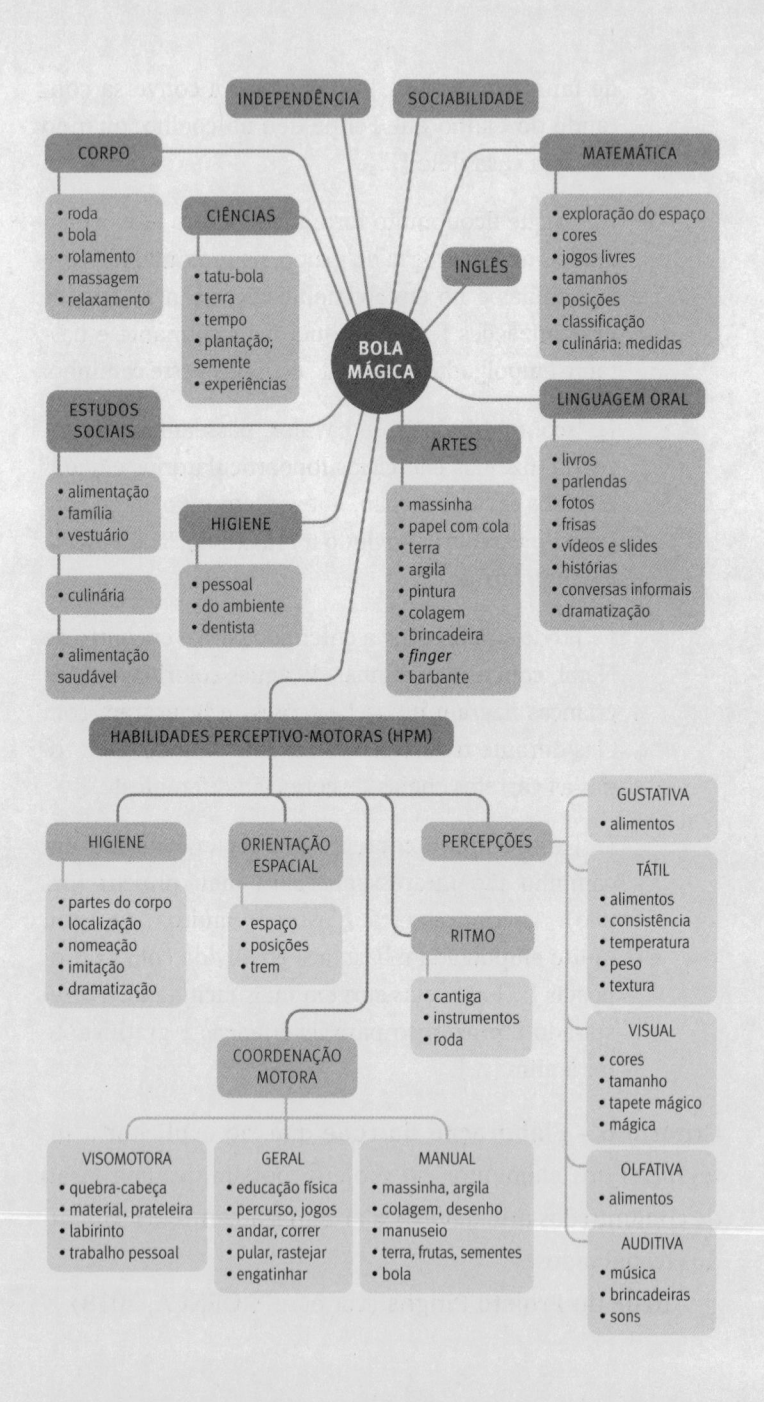

- **INDEPENDÊNCIA**
- **SOCIABILIDADE**

CORPO
- roda
- bola
- rolamento
- massagem
- relaxamento

CIÊNCIAS
- tatu-bola
- terra
- tempo
- plantação; semente
- experiências

INGLÊS

MATEMÁTICA
- exploração do espaço
- cores
- jogos livres
- tamanhos
- posições
- classificação
- culinária: medidas

ESTUDOS SOCIAIS
- alimentação
- família
- vestuário

- culinária

- alimentação saudável

HIGIENE
- pessoal
- do ambiente
- dentista

ARTES
- massinha
- papel com cola
- terra
- argila
- pintura
- colagem
- brincadeira
- *finger*
- barbante

LINGUAGEM ORAL
- livros
- parlendas
- fotos
- frisas
- vídeos e slides
- histórias
- conversas informais
- dramatização

HABILIDADES PERCEPTIVO-MOTORAS (HPM)

HIGIENE
- partes do corpo
- localização
- nomeação
- imitação
- dramatização

ORIENTAÇÃO ESPACIAL
- espaço
- posições
- trem

PERCEPÇÕES

RITMO
- cantiga
- instrumentos
- roda

GUSTATIVA
- alimentos

TÁTIL
- alimentos
- consistência
- temperatura
- peso
- textura

VISUAL
- cores
- tamanho
- tapete mágico
- mágica

OLFATIVA
- alimentos

AUDITIVA
- música
- brincadeiras
- sons

COORDENAÇÃO MOTORA

VISOMOTORA
- quebra-cabeça
- material, prateleira
- labirinto
- trabalho pessoal

GERAL
- educação física
- percurso, jogos
- andar, correr
- pular, rastejar
- engatinhar

MANUAL
- massinha, argila
- colagem, desenho
- manuseio
- terra, frutas, sementes
- bola

Critério 7 – Movimentos de integração entre professores, alunos e pais, viabilizando o fortalecimento das parcerias.

Os relatos mostram uma preocupação com as relações sociais (objetivos do Maternal) entre os membros do grupo, as famílias e a construção das normas de convivência (os combinados):

> [...] depois de muita conversa, o peixe descobriu que estava triste porque não tinha amigos [...]. Aproveitei para conversar com as crianças sobre a importância e o prazer de ter amigos [...].

> [...] conversei muito sobre a tristeza do peixinho perdido (história) e voltei a falar sobre a importância da amizade, pedindo às crianças que abraçassem os colegas e distribuíssem beijos para que o peixe pudesse sorrir [...].

> [...] chegou a hora de ir embora e eles não queriam parar o painel... então, combinamos que continuariam no dia seguinte [...].

> [...] eu e Lu (auxiliar) estamos nos dando muito bem e ela tem procurado encaixar suas atividades no projeto, o que o enriquece ainda mais!

> [...] Lu fez suco de laranja com as frutas que as crianças trouxeram de casa e plantou os caroços na casca, usando-a como um vaso. Foi bárbaro!

> [...] Lu ficou com uma turma no pátio para colar os retalhos da cortina que estão fazendo para a classe e eu fui com a outra metade para o computador; no segundo horário, trocamos os grupos.

[...] como só faltava a monitora da classe levar o coelho Zezinho para casa, ontem foi o dia dela.

[...] a outra professora contou novamente a história da colcha de retalhos, que associou à cortina que estão fazendo [...]. Apresentou os retalhos novos que as crianças trouxeram, cortou-os ao meio e fez um jogo dos pares para as crianças brincarem; adoraram lembrar quem trouxe cada retalho e de onde era!

[...] depois de muita folia e animação, convidamos os pais para a nossa "festa" dos indígenas [...] comeram mandioca e bolo de fubá que as crianças fizeram [...] todos tomaram suco [...] uma mãe veio fazer uma broa de milho com as crianças [...] cada uma trouxe um avental e um pano de prato de casa para poder participar. Ajudaram a enrolar e a colocar na assadeira [...]. Foi o máximo!

[...] uma mãe preparou com muito empenho um bolo de chocolate, que trouxe para as crianças confeitarem. Adoraram!

[...] uma mãe veio hoje jogar Escravos de Jó com as crianças [...] trouxe caixinhas de fósforos, grãos de feijão, grão-de-bico e milho de pipoca para enchê-las junto com as crianças [...].

[...] depois que cada um falou os nomes de seus familiares, perguntei quem queria levar o nosso coelho Zezinho (pelúcia) para casa a fim de conhecer seus pais e irmãos. Não falaram em outra coisa o resto da manhã. Adoraram!

Obs.: cada contribuição que as crianças trouxeram de casa foi transformada em planejamento para um dia de aula, a partir da dramatização do que estava escrito e da fotografia que trouxeram para ilustrar o trabalho.

Critério 8 – Avaliação constante, que tem a função de regular o trabalho, no sentido de dar continuidade ao tema proposto, ou não, de acordo com os interesses das crianças: fonte para o replanejamento do projeto.

> [...] acho que o grupo evoluiu bastante, mas ainda tenho que trabalhar muito a parte corporal [...]. Conto, sempre, muitas histórias durante as aulas, inventadas por mim ou relacionadas aos assuntos trabalhados, e aproveito para usar o corpo, fazendo gestos e caretas [...] tenho a impressão de que isto tem ajudado muito na concentração e no envolvimento das crianças com as atividades [...] elas estão bem mais participativas! [...] preocupo-me com a postura corporal de Joca, que é "travadíssimo", com José, que é muito tímido, e com Bruna, que não participa das aulas de ginástica [...] Vou pensar novas propostas para eles.
>
> [...] no geral, acho que esta classe cresceu muito, pois a maioria das crianças chegou ao final do ano com progressos; houve um amadurecimento geral [...] estão mais unidas, independentes, aproveitando muito mais as brincadeiras [...] obtiveram muito bons resultados nas atividades propostas [...] embora tenha sido um grupo um pouco mais difícil, com crianças mais dependentes, algumas "travadas", acho que trabalhamos todos os conteúdos [...] descobrimos vários caminhos que favoreceram o desenvolvimento individual das crianças [...].

[...] como a aluna nova adora bonecas e eu estou precisando reforçar o grupo de meninas da classe (apenas quatro), preparei, antes da entrada, um canto com bonecas e alguns acessórios [...] ela logo se interessou e a mãe pôde ir em embora [...]. As crianças voltaram das férias muito animadas e dispostas a brincar.

Professora do grupo de crianças com três anos

Critério 1 – Descobertas no cotidiano: conquistas, acertos, superação de conflitos, criação de estratégias metodológicas.

O meu grupo até agora tem sido um presente. Desde o começo, a maioria ficou muito bem, mesmo aqueles que querem a mãe por perto (adaptação) não ficam grudados, participam das atividades e se interessam pelas brincadeiras propostas pelas professoras. Na próxima semana, pretendo fazer como já estou fazendo: eu fico com as crianças que já se despedem das mães, e a auxiliar traz as outras para o grupo. [...] Quanto às atividades, não comecei ainda nenhum projeto, pois ainda estão chegando crianças novas na classe [...].

[...] a aula de hoje foi uma delícia, as crianças estavam muito tranquilas, adoraram manusear os diversos tipos de feijões (grãos), colocá-los no funil, fazer um chocalho, enquanto eu fazia o barulho com o pau de chuva dos índios. A atividade durou bastante tempo e foi ótima. Quando acabou, eu estava muito feliz, senti uma sensação muito boa de ver como a aula tinha funcionado [...].

[...] a mãe de Luca teve um "chilique", ficou muito nervosa, foi falar com a diretora de plantão, não falava comigo, e ele estava muito aflito! Na sexta-feira ela quis conversar comigo e disse tudo o que estava sentindo. Estive tranquila e consegui fazer as pontuações necessárias para explicar-lhe que certas atitudes são normais na fase de adaptação à escola... vamos ver como ele virá na segunda-feira [...]. Apesar de todas as dificuldades, acho que nós tentamos fazer o melhor que podemos, o que está ao nosso alcance... Foi uma pena que você não estivesse aqui!

[...] no ateliê, voltamos a trabalhar com as caixas, mas antes conversamos sobre o que tinha acontecido na última vez, que não tinha sido legal estragá-las. Observamos as caixas novas e perguntei se achavam que elas estavam bonitas ou não, e o que eles gostariam de fazer. Muitos disseram que gostariam de pintá-las, mas como não tinha água da rua, sugeri que usássemos os panos com as caixas e que as pintaríamos num outro dia. Foi ótimo! Eles voltaram a mostrar interesse pela atividade e inventaram muitas brincadeiras: a que mais gostaram foi ficar dentro da caixa e pedir para que eu as cobrisse, fechando as caixas com os panos coloridos.

Quando começou o ano, estava me sentindo um pouco perdida, porque iria pegar o grupo *não mais como auxiliar*, mas como professora titular; além disso, era uma turma nova na escola, com crianças com três anos. Não tínhamos um planejamento pronto e a minha auxiliar nunca trabalhou no Maternal. Quantas coisas me preocupavam, mas tudo se ajeitou! Junto com as crianças, fui descobrindo o que dava certo e o que não dava, o que chamava a atenção deles e o que não! Chegando ao final do ano, posso dizer que foi uma fase de aprendizado, de descobertas, de questionamentos, com um saldo positivo. A turma está bem mais madura e integrada: aquelas crianças que chegaram sem falar, usando fralda e chupeta, que andavam com dificuldade e que não se relacionavam com os colegas, atualmente se expressam bem, usam o banheiro, correm, pulam e fizeram amigos! Foi muito bom participar desta fase com tantas aquisições! Neste último mês, percebo que eles têm muita necessidade de estar por mais tempo no pátio, inventando brincadeiras com os amigos. Tenho deixado as crianças mais soltas e dá orgulho vê-las brincando... VALEU!

Critério 2 – Adaptação do projeto aos interesses, preferências, desejos, necessidades/faltas das crianças.

[...] fizemos a entrada e as crianças estavam muito agitadas: resolvi fazer uma dança, adoraram e se acalmaram. Primeiro, um aquecimento: balançamos todas as partes do corpo; depois, fizemos uma roda com a música do índio, abríamos e fechávamos a roda. Coloquei o acolchoado no chão e disse que era o rio onde o indiozinho tomava banho, fizemos rolamentos e nos deitamos para nos secarmos ao som do CD do pedalinho.

[...] contei a história do castelo da Cinderela com o livro que o Gabi trouxe; em seguida, mostrei o castelo que a Anita trouxe de casa. [...] construí um caminho com as mesas para chegar ao quarto dos vampiros, das bruxas e dos fantasmas. Cada criança seguiria um percurso.

[...] fomos encontrar a bruxa Pafúncia no castelo e as crianças pediram para irmos de trem e a cavalo. Aproveitei a dica e disse que ela tinha uma coisa para fazer um pó mágico que nos levaria ao castelo: trabalhamos com a serragem, utilizando um pratinho e um funil, comparando a mais grossa com a mais fina. David comentou que parece madeira do sítio do titio; enquanto Valter afirmava que parece farinha; e Cris comentou que parece a verruga da bruxa.

[...] fizemos a entrada e ensaiamos o desfile medieval; as crianças estão adorando a ideia; fomos para o ateliê pintar com tinta os convites, mas antes conversamos sobre o que era um convite e para que ele servia [...].

[...] fomos distribuir os convites pela escola: as crianças estão adorando a ideia do desfile.

[...] subi para a conversa com Alice e a auxiliar foi para o ateliê com a classe para trabalhar com argila [...]. Quando voltei, disse a eles que fariam algo que gostassem para deixar secar. [...]. Percebi que a produção deles com argila mudou muito em relação aos trabalhos anteriores, desde que começamos a fazer o trabalho de exploração das possibilidades do material (assessoria de arte).

[...] descalços e sem camisetas, passam esponjas pelo corpo, trabalhando o esquema corporal, fazendo massagens [...] pus duas bacias no pátio com detergente e as crianças brincaram de lavar as paredes [...]. Foi uma delícia! Adoraram o banho de esguicho [...] fazia muito calor!

Critério 3 – Repetição de temas/histórias: motes para a tessitura das atividades do projeto planejado, ao longo dos anos. Servem como matrizes para o aperfeiçoamento e a elaboração das atividades e dos conteúdos a serem desenvolvidos.

> [...] aproveitei que tínhamos falado sobre a chuva no dia anterior, para mostrar o que acontecia com a areia quando colocávamos água. Dei um balde vazio para cada um na sala e levamos até a areia; encheram com areia seca e conversamos sobre o balde cheio/vazio [...]. Sugeri que mexessem bastante na areia seca [...]. Depois, misturamos água para eles perceberem a areia molhada [...] fizeram vários bolos e pediram para que eu pusesse mais água muitas vezes [...].
>
> [...] fizemos a entrada, cantamos músicas do mar, colamos no painel com as fotos do mar, as conchas que fizemos com papel de revista amassado [...].
>
> [...] fomos para o ateliê para fazer uma experiência: o mar na garrafa, misturando areia, óleo, tinta e água, além de conchinhas feitas com argila seca [...]. O que boia, o que afunda?
>
> [...] fazemos sempre o mesmo ritual de relaxamento: as crianças ficam deitadas com uma música calma, fazem conchinha (posição fetal), eu conto uma ou duas histórias e depois pegam os livros da cesta para ler.

Critério 4 – Início do projeto: como ele é apresentado e construído com as crianças.

Projeto Periquitos (iniciado pela professora):

[...] fizemos a rotina e mostrei os periquitos às crianças: cantamos para eles e conversamos sobre suas características.

[...] fizemos a rotina e levei os periquitos para a sala: conversamos sobre eles e dei ênfase à sua comida (alpiste) e à água que bebem. Aproveitei para trabalhar temperatura e sensação tátil: dois copos com água quente/fria.

[...] fizemos a rotina e brinquei que a fadinha transformaria todas as crianças em periquitos, que iriam passear. Andamos por toda a classe, voando como periquitos, levantando e abaixando os braços, rápido e devagar [...]. Depois, resolvemos fazer comida para eles com papel de seda amassado [...]. Com as bolinhas de papel, fizemos uma peteca.

Projeto Mar (iniciado pela professora):

[...] comecei a falar um pouco sobre mar, peixes e conchas.

[...] comecei a introduzir o tema sobre o mar, peguei os peixes de plástico e dei para as crianças manipularem livremente [...]. Depois, tiravam e colocavam no mar, que fiz com as almofadas listradas no chão da classe [...]. Em seguida, dei um baldinho da areia e eles brincaram, por um bom tempo, de pescar os peixinhos e devolvê-los ao mar [...] trabalhei os termos cheio/vazio.

[...] depois que as crianças voltaram da aula de música, comecei a contar a história do "Peixinho Dourado", que eles adoraram e ficaram muito atentos. Aproveitei e pedi que tragam amanhã conchas, fotos de praia ou qualquer coisa que tenham em casa relacionado ao assunto.

[...] para esta proposta, eu trouxe de casa dois caracóis, um enorme e um pequeno, e um peixe de colocar na mão, que parece um fantoche: o Linguado. A atividade foi muito interessante!

Projeto Castelos (iniciado pela professora com as crianças):

[...] fizemos a entrada na areia [...]. Na [...] classe, contei duas histórias com livros que as crianças haviam trazido sobre bruxas.

[...] disse que era a bruxa e brincamos de "bagadalá" – a varinha mágica – entre príncipes e princesas, em que todos se transformaram para passear na floresta, até encontrarmos o castelo mal-assombrado com fantasmas, vampiros e bruxas; dei a eles os panos e cada um foi se fantasiando ao som de um CD [...]. Depois, todos seguraram no acolchoado, que era o caldeirão da bruxa, rodamos e nos deitamos sobre ele para fazer um relaxamento.

[...] escolhemos o nome para a bruxa que Joaquim trouxe e recitamos a parlenda da bruxa.

Projeto Minha Foto (iniciado pela professora com as crianças):

[...] fiz a entrada e a auxiliar mostrou a eles as coisas do mar que havia trazido da viagem que fez no Carnaval: conchas, caramujos e uma estrela-do-mar [...]. Brincaram livremente com os bichos de plástico do mar [...].

[...] assistimos ao vídeo do Projeto Tamar sobre as tartarugas marinhas e depois brincamos de tubarão dorminhoco.

[...] trouxe um caramujo grande, que colocaram no ouvido para ouvir o barulho do mar, depois brincamos de virar caramujos grandes e pequenos (trabalho corporal); chamamos o peixe de pelúcia que estava guardado no meu armário e combinamos que iríamos levá-lo de volta para a praia [...] pedi fotos sobre as férias para ver se havia registros de praia [...].

[...] mandei fazer transparências das fotos de todas as crianças para usá-las no retroprojetor.

Projeto Animais (iniciado pela professora com as crianças):

[...] como desde o início do ano as crianças demonstraram muito interesse por bichos, principalmente por gatos e cachorros, pois sempre falavam sobre isto [...] depois que fizemos o projeto "O que é ser um amigo legal", que era mais urgente, começamos o trabalho com os animais domésticos [...]. Pedimos fotos dos animais de estimação das crianças, que tivessem em suas casas ou na de seus parentes, e as colocamos em transparências [...]. O bicho que mais apareceu foi o cachorro, por isso o escolhemos para iniciar o projeto [...].

Na sequência das fotos dos animais preferidos, apareceram um passarinho, uma tartaruga e um gato, que também foram trabalhados no projeto [...].

Recebemos a visita do pai de José, que é biólogo do zoológico, para nos mostrar aves empalhadas que trouxe de lá [...]. Fizemos uma visita ao zoológico junto com esse pai para ver as aves: foi ótimo!

Fomos à casa da Carol (auxiliar) para conhecer as suas tartarugas [...]. Cada criança fez seu casco de tartaruga, pintando a casca de um coco verde que estava seca [...]. Fizemos mingau e comemos peixe frito, como gatinhos [...].

Critério 5 – Emergência de objetos/personagens: símbolos com os quais as crianças se identificam e que se tornam o fio condutor das atividades desenvolvidas e de cada projeto de trabalho.

[...] o peixe Arco-íris apareceu para brincar com as crianças, que dramatizaram a sua história [...]. Hoje fizemos o mar na garrafa, como no fundo do mar, com areia, anilina, água, óleo, com muitos peixinhos de argila para cada criança brincar.

[...] as crianças estão tão apaixonadas pelo peixinho, que a estagiária da sala trouxe de presente para o grupo um peixinho colorido de feltro: foi um sucesso! [...] resolvemos fazer uma caixa-casinha para o peixinho de feltro, que cada dia irá visitar a casa de uma criança, porque todas querem levá-lo para casa [...]; resolvemos fazer uma festa para nosso peixinho de feltro.

[...] uma criança trouxe um castelo e, como percebi que estavam muito curiosos, aproveitei para fazer uma brincadeira sobre bruxas e princesas [...].

As crianças viram fotos de castelos medievais e brincaram com panos e com o fantoche da bruxinha que eu trouxe de casa: cada vez gostam mais de manuseá-la [...]; a bruxa Pafúncia, nome que as crianças escolheram, brincou com a bruxinha e, todos juntos, fizeram suco de laranja com cenoura [...].

Hoje a bruxinha apareceu para ajudar as crianças a fazerem biscoitos para levarem de presente às suas mães [...]; na roda de conversa, a Pafúncia conversou com as crianças sobre meios de transportes na época dos castelos: cavalos e carroças [...].

[...] a Pafúncia apresentou o desfile das roupas do castelo: foi lindo!

[...] passado esse momento de apresentação das fotos das férias, começamos a trabalhar foto por foto e cada uma foi se transformando no eixo de um dia de trabalho: a cada semana, uma foto foi apresentada para ser observada, gerando comentários interessantes e propostas de exploração relacionadas aos comentários feitos.

Critério 6 – Elaboração da rede que, ao explicitar a integração dos elementos do projeto, possibilita uma visão de conjunto das atividades e a articulação entre os conteúdos trabalhados.

Rede do Projeto Animais de Estimação/2002

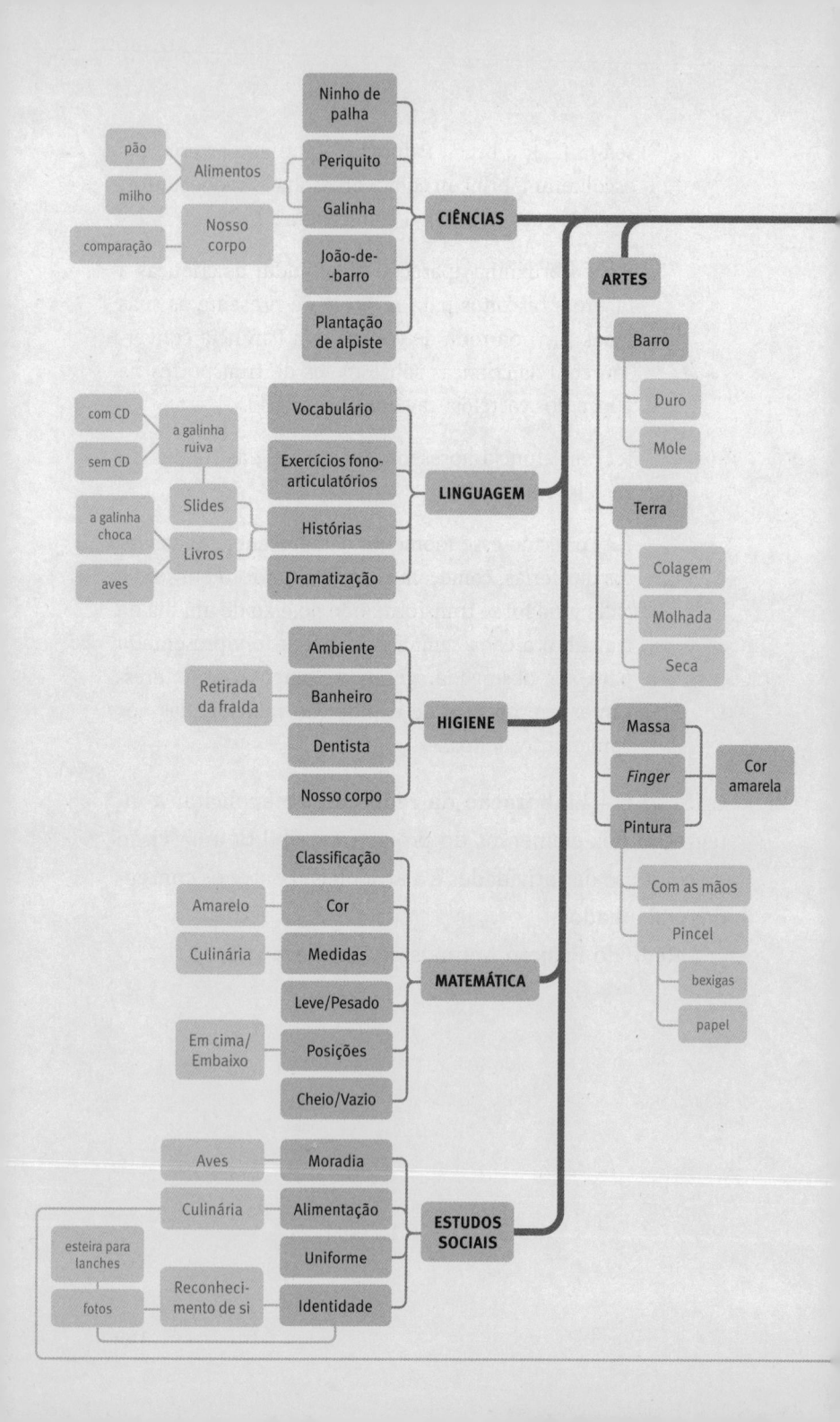

CIÊNCIAS
- Alimentos
  - pão
  - milho
- Nosso corpo
  - comparação
- Ninho de palha
- Periquito
- Galinha
- João-de-barro
- Plantação de alpiste

LINGUAGEM
- Vocabulário
- Exercícios fono-articulatórios
- Histórias
- Dramatização
- Slides
  - a galinha ruiva
    - com CD
    - sem CD
  - a galinha choca
- Livros
  - aves

HIGIENE
- Ambiente
- Banheiro
- Dentista
- Nosso corpo
- Retirada da fralda

MATEMÁTICA
- Classificação
- Cor
  - Amarelo
  - Culinária
- Medidas
- Leve/Pesado
- Posições
  - Em cima/Embaixo
- Cheio/Vazio

ESTUDOS SOCIAIS
- Moradia
  - Aves
- Alimentação
  - Culinária
- Uniforme
- Identidade
- Reconhecimento de si
  - esteira para lanches
  - fotos

ARTES
- Barro
  - Duro
  - Mole
- Terra
  - Colagem
  - Molhada
  - Seca
- Massa
- *Finger* — Cor amarela
- Pintura
  - Com as mãos
  - Pincel
    - bexigas
    - papel

PROJETO AVES

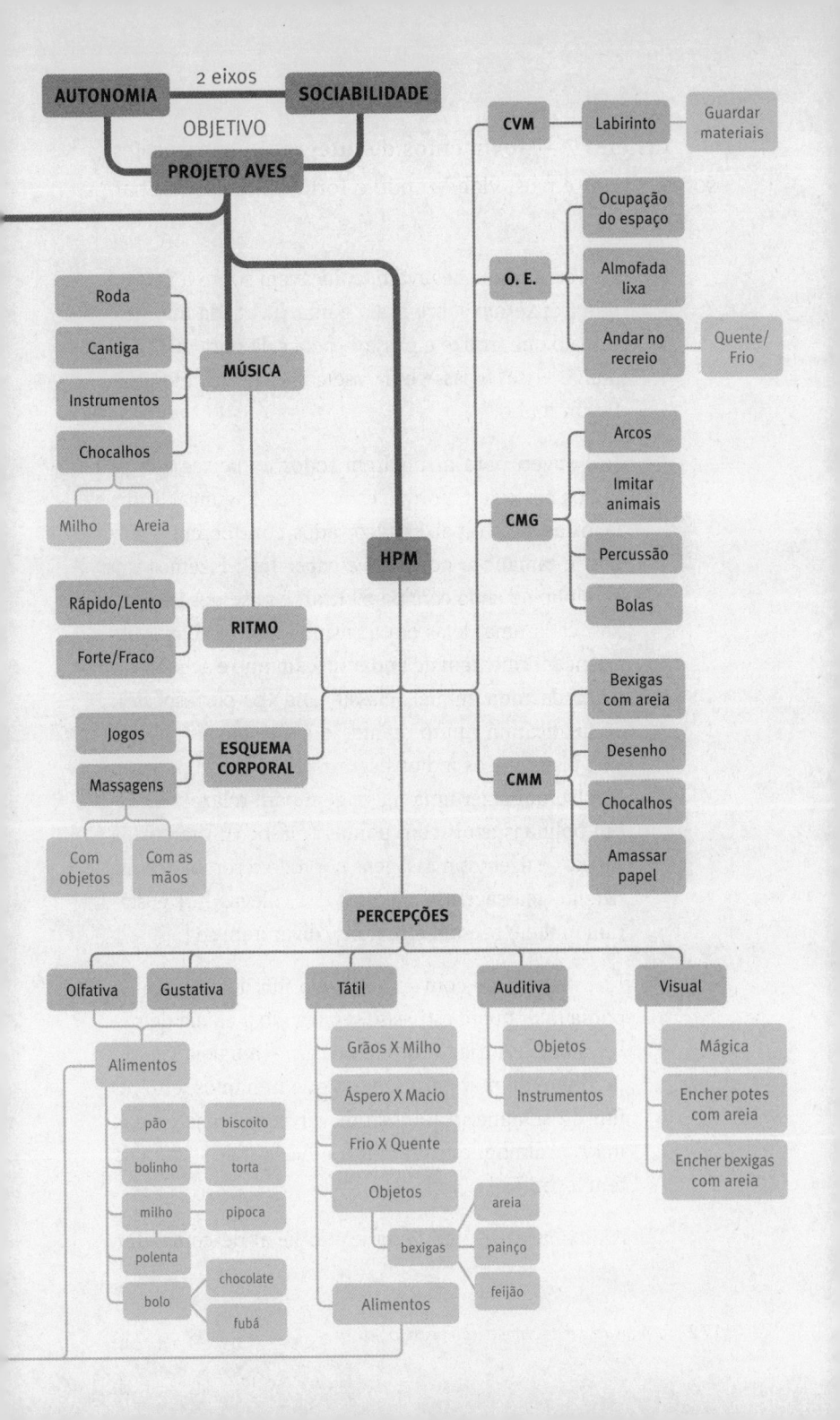

AUTONOMIA — 2 eixos — **SOCIABILIDADE**

OBJETIVO: **PROJETO AVES**

MÚSICA
- Roda
- Cantiga
- Instrumentos
- Chocalhos
  - Milho
  - Areia

RITMO
- Rápido/Lento
- Forte/Fraco

ESQUEMA CORPORAL
- Jogos
- Massagens
  - Com objetos
  - Com as mãos

HPM

CVM
- Labirinto — Guardar materiais

O. E.
- Ocupação do espaço
- Almofada lixa
- Andar no recreio — Quente/Frio

CMG
- Arcos
- Imitar animais
- Percussão
- Bolas

CMM
- Bexigas com areia
- Desenho
- Chocalhos
- Amassar papel

PERCEPÇÕES

Olfativa / Gustativa
- Alimentos
  - pão
  - biscoito
  - bolinho
  - torta
  - milho
  - pipoca
  - polenta
  - bolo
    - chocolate
    - fubá

Tátil
- Grãos X Milho
- Áspero X Macio
- Frio X Quente
- Objetos
  - bexigas
    - areia
    - painço
    - feijão
- Alimentos

Auditiva
- Objetos
- Instrumentos

Visual
- Mágica
- Encher potes com areia
- Encher bexigas com areia

Critério 7 – Movimentos de integração entre professores, alunos e pais, viabilizando o fortalecimento das parcerias.

> [...] conforme chegavam, colocavam sobre a mesa o que trouxeram sobre praia e mar [...] cada um mostrava o que trouxe e passava pela sala para que cada amigo visse, tocasse e fizesse comentários. Eles gostaram muito.

> [...] sugeri para arrumarem todos os peixes que os índios pescaram, porque estava uma bagunça! Tinha lagostas, siris e peixes recortados em diferentes formas e tamanhos no *creative paper* [...]. Fizemos um caminho no chão com papel Kraft e pusemos três caixas, cada uma delas era a casinha de um animal. As crianças brincaram de andar no caminho e achar a casinha de cada animal (classificando-os por espécie). Todas ficaram muito atentas e ajudavam os colegas [...] disse que os índios ficaram cansados de pescar e resolveram fazer uma massagem para relaxar: distribuí bolinhas azuis com pontas (plástico), tiramos os sapatos e fizemos massagens por todo o corpo; depois, fizemos massagem nas costas dos colegas [...] gostaram muito e fizeram direitinho, divertiram-se [...].

> [...] na roda de conversa sobre o fim de semana, só podia falar quem estivesse segurando a baleia de pelúcia que a Adriana trouxe de casa – a baleia veio lá do fundo do mar para saber o que tínhamos feito no fim de semana. Interessante ver como objetos nas mãos acalmam o grupo para ouvir o que os demais têm a contar [...].

> A auxiliar deu uma ideia muito legal de completar

o banheiro que construíram no papel Kraft com as coisas que estão faltando: rolo de papel higiênico, tapete, espelho, toalha [...] mostrei a eles várias figuras de banheiros para ver o que falta no que fizeram no papel, depois que exploraram bastante as sucatas de higiene foram colá-las nos armários de seus banheiros.

[...] depois da rotina, chamei as crianças para mostrar como tinham ficado os livros que confeccionaram sobre o Mar... contei para todos as duas histórias que fizeram e, a pedido das crianças, tive que contá-las várias vezes. Depois, dei para cada criança ver o seu livro, elas adoraram, iam virando as páginas e contando a história, me pediam para contá-la, perguntavam qual era o nome do peixe do livro deles, muito legal! Eles adoraram o resultado final, reconhecendo-se no trabalho feito.

[...] resolvemos construir a nossa caixa do tesouro para guardar os diversos brinquedos que as crianças trazem de casa diariamente [...] as crianças pintaram com pincel de barba e guache a caixa de papelão, misturando cola.

[...] uma novidade: começamos a desenvolver um projeto coletivo entre a nossa classe e a da colega, intitulado "Cinema com pipoca", toda sexta-feira [...] as crianças fizeram ingressos [...] confeccionaram dinheirinho com papel e carteiras para guardá-lo. Começamos a fazer as nossas poltronas com caixas de leite coladas, que depois vamos pintar e forrar com jornal [...]. Hoje, os pais vieram assistir um filme junto com as crianças, todas sentadas nas próprias poltronas [...] SUCESSO!

Critério 8 – Avaliação constante, que tem a função de regular o trabalho, no sentido de dar continuidade ao tema proposto, ou não, de acordo com os interesses das crianças: fonte para o replanejamento do projeto.

> [...] quando as aulas começaram, a minha aflição era ter dois grupos diferentes dentro da classe, pela diferença de idade das crianças [...]; as maiores se adaptaram com mais facilidade: a adaptação nunca é tranquila! Escrevendo isto, acabei de chegar a uma conclusão: as palavras usadas como adjetivo para esta frase são sempre relativas, pois, para usá-las, deve-se sempre fazer uma comparação com a adaptação do ano anterior, ou de outra classe, para relativizar! (classe com sete crianças de Maternal I e oito de Maternal II).
>
> [...] com o passar do tempo, fui descobrindo que a classe mista não era um problema, mas uma possibilidade bem interessante: aprendi a formar grupos de trabalho aleatoriamente, não separando as crianças em maiores e menores: para chegar a essa ideia, tive muitas conversas com Alice, questionei muito, discutimos muito [...]. Hoje, a classe é única, um grupo só, onde a diferença de idade é levada em conta apenas na hora da avaliação! [...] a troca entre eles é riquíssima e as aulas tornaram-se muito interessantes [...].
>
> [...] este projeto tem permitido o trabalho interdisciplinar, pois todas as áreas do conhecimento são contempladas: percebo isto através da rede que fiz, possibilitando a visualização dos conteúdos gerais trabalhados em cada área do conhecimento [...]. As crianças participaram muito e fizeram alguns co-

mentários sobre a minha foto: "Eu vou ser a Fernanda, sua irmã", "É muito bom comer o coco, faz bem para a saúde", "É legal andar a cavalo na praia".

Professora do grupo de crianças com dois anos

Critério 1 – Descobertas no cotidiano: conquistas, acertos, superação de conflitos, criação de estratégias metodológicas.

> [...] adoraram as atividades sobre a comunidade, pois quanto mais movimento houver, é melhor! Gostam de vivenciar tudo o que é novidade e, dessa forma, trazem sempre assuntos novos para as rodas de conversa, expressando-se bastante. Até as mais tímidas conseguem se expor com mais tranquilidade nas conversas informais.
>
> [...] achei que a ideia da piscina com areia foi ótima, pois deu para as crianças brincarem perto das mães, sentindo-se mais tranquilas.
>
> [...] hoje foi o verdadeiro CAOS, choveu a tarde toda [...]. Primeiro deixei as crianças brincarem com os materiais da prateleira e os preferidos foram os bichinhos, cubos, bonecos e palhacinhos; depois, levei o periquito para a classe, o que chamou a atenção de todos [...]. Cantamos, fizemos gestos e consegui prender a atenção deles por um tempo [...]. Foi uma tarde confusa pelo fato de as mães entrarem na classe a todo momento; quando começo a dar uma atividade interessante, todas ficam em pé na porta da classe, olhando fixamente para as crianças. A hora do lanche, em especial, está muito tumultuada, pois todas (mães) entram na classe, abrem as lancheiras e dão o lanche para

as crianças comerem; enfim, tumultuam bastante um momento que deveria ser bem gostoso!

[...] a classe é bastante heterogênea, pois tenho crianças que já falam, interessam-se pelas atividades propostas e estão adaptadas, e outras que são totalmente opostas: portanto, tenho que me dividir entre os dois grupos! Vou continuar com o projeto de adaptação, principalmente com as idas à sala de vida prática que eles demonstraram bastante interesse, e com alguma atividade com os bichos. Durante estes dias, me senti um pouco frustrada com as crianças que estavam do lado de fora da classe com suas mães, pela minha impossibilidade de deixar as outras crianças que estavam bem, na classe, mas coladas em mim [...]. As mães que estavam no pátio me deram uma sensação de cobrança, como se eu não estivesse fazendo nada para conseguir acolher seus filhos. Toda esta sensação me trouxe um grande desconforto!

[...] todo recomeço é difícil e trabalhoso, ainda mais tendo várias crianças novas no grupo, que não estão acostumadas à rotina escolar [...]. Contudo, entraram logo no esquema e hoje posso dizer que a maioria já está familiarizada! Durante este período, não trabalhei com um tema definido, mas usei várias estratégias para cativar o interesse das crianças novas pelas atividades oferecidas, fazendo com que cada vez mais se sentissem à vontade, num ambiente gostoso, cheio de novidades a cada dia [...]. Trabalhei bastante as percepções [...]. Temos contado muitas histórias e elas têm adorado. Logo nos primeiros dias, queriam que eu contasse a história do Sr. Monet e Luiza trouxe o livro para eu contar. Acho que este momento ficou marcado para eles, permanecendo "VIVO" até hoje!

[...] hoje estou supercansada, por isso só escreverei o que foi dado, sem entrar em muitos detalhes: classe, vídeo, brincadeiras com bolinhos, sala de vida prática, lanche, ateliê, giz molhado na lixa (sentimos a textura áspera/lisa), massa. A classe estava bem tranquila! Dudu, Teresa e Mariana faltaram.

Critério 2 – Adaptação do projeto aos interesses, preferências, desejos, necessidades/faltas das crianças.

[...] trabalhei com eles o *finger* (massinha quente) no ateliê [...]. Comecei contando a história do índio Kaká, que adorava trabalhar com massinha mole e quente [...] sentimos a temperatura da massa, sua textura, observamos sua cor e fizemos muitos movimentos com as mãos [...]. Algumas crianças adoraram trabalhar logo de início, outras preferiram observar os colegas; outras, somente depois de algum tempo se arriscaram a colocar as mãos [...]. De modo geral, a atividade não agradou muito, pois logo algumas crianças quiseram lavar as mãos [...]. Cantamos várias músicas enquanto trabalhávamos.

[...] como percebi que gostaram mais da areia molhada, forrei uma mesa grande com Kraft e coloquei montinhos de areia para as crianças, dei uma conchinha e um pouco de água para elas brincarem e exercitarem as mãos [...].

[...] cantamos as músicas da rotina e eu disse que havia trazido como surpresa uma coisa com que já brincaram e adoraram: um coelho de pelúcia [...].

Todos ficaram com os olhos grudados nele, pois parece de verdade [...]. Cantamos várias músicas para ele e passamos a mão em seu corpo para sentir como seu pelo era macio [...]. Então, o coelho contou que havia trazido vários pompons de lã, iguais ao seu rabinho, para as crianças brincarem [...]. Exploramos bastante suas características, passamos as bolinhas pelo corpo e andamos pela classe segurando na pontinha de um fio de lã, fazendo o movimento de pinça [...] brincamos de escondê-las dentro de uma jarra transparente [...] depois, fizemos um tambor com a jarra [...].

[...] gostaram tanto de observar as minhocas que eu trouxe, que surgiu a ideia de montar um minhocário [...] vou trabalhar, também, com argila do fundo do rio [...]. Todas as atividades estão interligadas com o livro do "Peixinho Dourado" [...]. Fomos para o ateliê trabalhar a terra, seu cheiro, consistência, cor, seca e molhada [...] as crianças adoraram.

Critério 3 – Repetição de temas/histórias: motes para a tessitura das atividades do projeto planejado, ao longo dos anos. Servem como matrizes para o aperfeiçoamento e a elaboração das atividades e dos conteúdos a serem desenvolvidos.

[...] repeti a aula com saquinhos de areia, só que desta vez dei um baldinho de areia para cada criança: primeiro exploramos pesado/leve; passeamos pela classe como a Chapeuzinho com sua cesta de doces, balançamos o baldinho de um lado para o outro, colocamos a nossa mão dentro/fora; depois colocamos os saquinhos dentro do balde, que ficou mais pesado – balançamos o balde com mais cuidado!

Comecei a aula hoje levando o aquário para a classe. Contei uma história do peixinho que morava na escola: cantamos algumas músicas para ele e fizemos o exercício fonoarticulatório da boca de peixe. Peguei um livro de peixes e mostrei que poderíamos encontrá-los em outro lugar, o mar [...]. Continuei a atividade no ateliê, levei a gravura da praia e disse que iríamos trabalhar com a areia da praia: coloquei um pouco de água em cada montinho de areia, percebemos que ela ficou molhada, grossa e que não passava mais pela peneira, mas que dava para fazer bolinhas; adoraram a atividade.

Hoje experimentamos um peixe frito, comprado na feira; antes, peguei o peixe e passei de mão em mão para que todos pudessem ver suas características.

Hoje recortei papel *creative* no formato de um peixe bem grande e deixei as crianças desenharem livremente [...].

[...] fomos para o ateliê onde fizemos uma pintura no painel do mar, usando desta vez uma bucha [...] relembramos a esponja do mar e a esponja de banho que já usamos [...]. Misturamos a tinta azul com a branca para fazer a azul-clara [...]. Voltamos para a sala e recordamos a história do peixinho, até o momento de pescar a minhoca [...]. Contei a história da minhoca, usando um livro da biblioteca... foi legal porque as crianças puderam observar a minhoca que eu levei [...].

[...] recontei a história da minhoca, lembramos que seu corpo é formado por anéis; mostrei um macarrão parafuso e comparamos com os anéis [...]. Fizemos a mágica e o esqueleto apareceu na nossa classe; peguei a cesta do kit de higiene e as crianças adoraram brincar de dar banho no esqueleto.

Critério 4 – Início do projeto: como ele é apresentado e construído com as crianças.

Projeto Fazenda (pela professora):

> [...] comecei o meu projeto sobre a fazenda com uma conversa a respeito das férias. Perguntei para todas as crianças onde passaram as férias até chegar a uma que tinha ido a uma fazenda [...]. Coloquei, então, uma série de gravuras sobre fazenda na lousa e comecei a contar uma história sobre dois amigos, Tito e Paula, que foram para a fazenda da vovó Beatriz. "Fomos para lá" e começamos a notar que os bichos ficavam em cima das árvores. Cada bicho que encontrávamos, imitávamos seu som.
>
> [...] em outro dia, retomei as gravuras na lousa [...] coloquei uma foto da vaca e descrevemos tudo o que se referia a ela.

Projeto sobre os Índios (pela professora e pelas crianças):

> Tudo aconteceu com a chegada do dia em que um índio viria à escola conversar sobre sua cultura e dançar com as crianças. A partir da dança de roda, percebi o entusiasmo das crianças pelo tema e aproveitei a oportunidade para torná-lo ponto central de meu projeto. Com ele, trabalhei paralelamente com os temas Peixes e Vestuário, sempre fazendo comparações e conseguindo atingir todos os objetivos propostos no planejamento. Tudo foi trabalhado de-

talhadamente, com encenações, experiências e cenas do cotidiano dos índios.

Projeto Mar (pela professora e pelas crianças):

Tudo começou com a leitura diária da história do "Peixinho Dourado", que de certa forma teve um toque pessoal, mantido durante todo o ano.

Projeto Aves (pela professora e pelas crianças):

[...] tenho certeza de que este grupo (crianças com um ano em adaptação à escola) vai ser uma grande surpresa para todo mundo, e vamos juntos construir um grande projeto, cheio de descobertas, realizações e transformações. Me aguardem!!! ou melhor, NOS aguardem!!!

[...] sem o vínculo, ficaria muito difícil trabalhar a afetividade e o cognitivo das crianças por inteiro, pois ele origina uma relação de interdependência na qual há uma elevação de intensidade emocional que deveria gerar um grau enorme de vantagens na relação.

[...] agora já aprendi que quando todos começam a chorar na hora da entrada, nada como um bom pãozinho para acalmar [...]. Vou encaminhar a classe para o lado da culinária, ou melhor, do "estômago".

[...] comecei a perceber o quanto eles estão interessados pela galinha choca do livro que comprei sobre aves e pela galinha de pelúcia que a auxiliar trouxe [...]. Colocamos o nome Lili na galinha e ela todos os dias aparece na hora das músicas da rotina e da roda de conversa [...]. Vou passar os slides da "Galinha e seus Pintinhos" para aproveitar a atenção deles [...]. Vamos fazer um bolo de chocolate com os ovos da galinha [...]. Pretendo trabalhar com a galinha e os passarinhos [...]. Vamos fazer "ovos" com bexigas coloridas cheias de painço, feijão e areia para trabalhar as percepções e fazer massagens, pois o corpo é uma fonte de informações muito importante [...]. Brincamos de assoprar penas e de usá-las como pincel no ateliê.

Critério 5 – Emergência de objetos/personagens: símbolos com os quais as crianças se identificam e que se tornam o fio condutor das atividades desenvolvidas e de cada projeto de trabalho.

[...] diariamente, Beto, um coelhinho de pelúcia, aparece na nossa classe para conversar com as crianças na hora da roda, pois esses objetos intermediários acalmam o grupo.

[...] a índia Iracema, o Poti, a Jandira e o Tupã (fantoches de uma família indígena) relembraram os chocalhos que construímos na semana passada e vieram nos ensinar a fazer um pau de chuva com grãos de arroz: quem sabe o que é isto? [...] Depois, fizemos um jogo com os fantoches dos índios, brincando de esconder um para que as crianças adivinhassem qual o boneco que sumiu! [...] Quanto menores eles são, mais gostam da brincadeira de esconder!

[...] hoje nós fizemos a festa de aniversário da índia Poti: peixe, arroz, feijão, mandioca e maçã (almoço na escola), com tudo o que já foi trabalhado para encerrar o semestre: chocalhos, cocares, danças de roda e o vídeo dos índios. Foi uma festa deliciosa!

[...] fomos hoje levar a família dos índios para visitar o "museu deles" (visita ao Museu de Arqueologia e Etnologia da Universidade de São Paulo): as crianças adoraram o passeio e se mostraram familiarizadas com os usos e costumes da família da Poti.

[...] como as crianças não paravam de chorar (adaptação), resolvi pegar o peixinho, que é a única coisa que os acalma nestas horas e que consegue prender a atenção do grupo como um todo [...]. Na hora da entrada, ainda não posso ficar no pátio, pois dispersam-se muito! [...] as crianças estão tão interessadas pelos peixinhos que acho que já comecei o meu projeto.

[...] os peixes foram para a sala, nós brincamos de imitá-los, demos pão para eles comerem e brincamos com os peixinhos de plástico [...]. Fizemos um painel do fundo do mar com tinta guache azul, areia e papel amassado como peixe: penduramos o painel para enfeitar nossa brincadeira de Carnaval.

[...] comecei a contar diariamente a história do "Peixinho Dourado" e estou querendo fazer um peixe grande de tecido, recheado com jornal amassado, para fazer parte de nosso grupo.

Critério 6 – Elaboração da rede que, ao explicitar a integração dos elementos do projeto, possibilita uma visão de conjunto das atividades e a articulação entre os conteúdos trabalhados.

LINGUAGEM
- Histórias
- Vocabulário ampliação

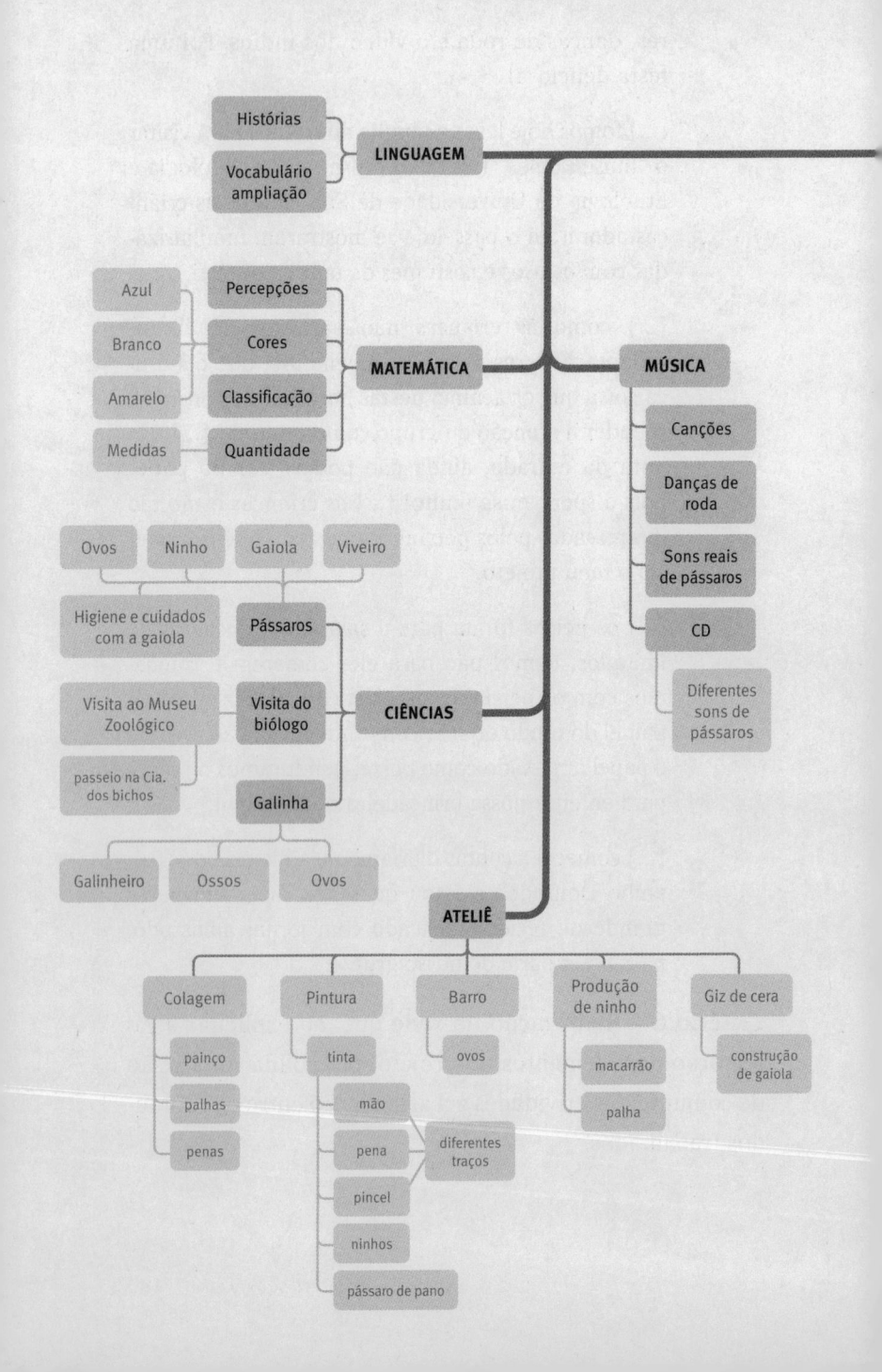

MATEMÁTICA
- Percepções
- Cores
  - Azul
  - Branco
  - Amarelo
- Classificação
- Quantidade
  - Medidas

MÚSICA
- Canções
- Danças de roda
- Sons reais de pássaros
- CD
  - Diferentes sons de pássaros

CIÊNCIAS
- Pássaros
  - Ovos
  - Ninho
  - Gaiola
  - Viveiro
  - Higiene e cuidados com a gaiola
- Visita do biólogo
  - Visita ao Museu Zoológico
  - passeio na Cia. dos bichos
- Galinha
  - Galinheiro
  - Ossos
  - Ovos

ATELIÊ
- Colagem
  - painço
  - palhas
  - penas
- Pintura
  - tinta
    - mão
    - pena — diferentes traços
    - pincel
    - ninhos
    - pássaro de pano
- Barro
  - ovos
- Produção de ninho
  - macarrão
  - palha
- Giz de cera
  - construção de gaiola

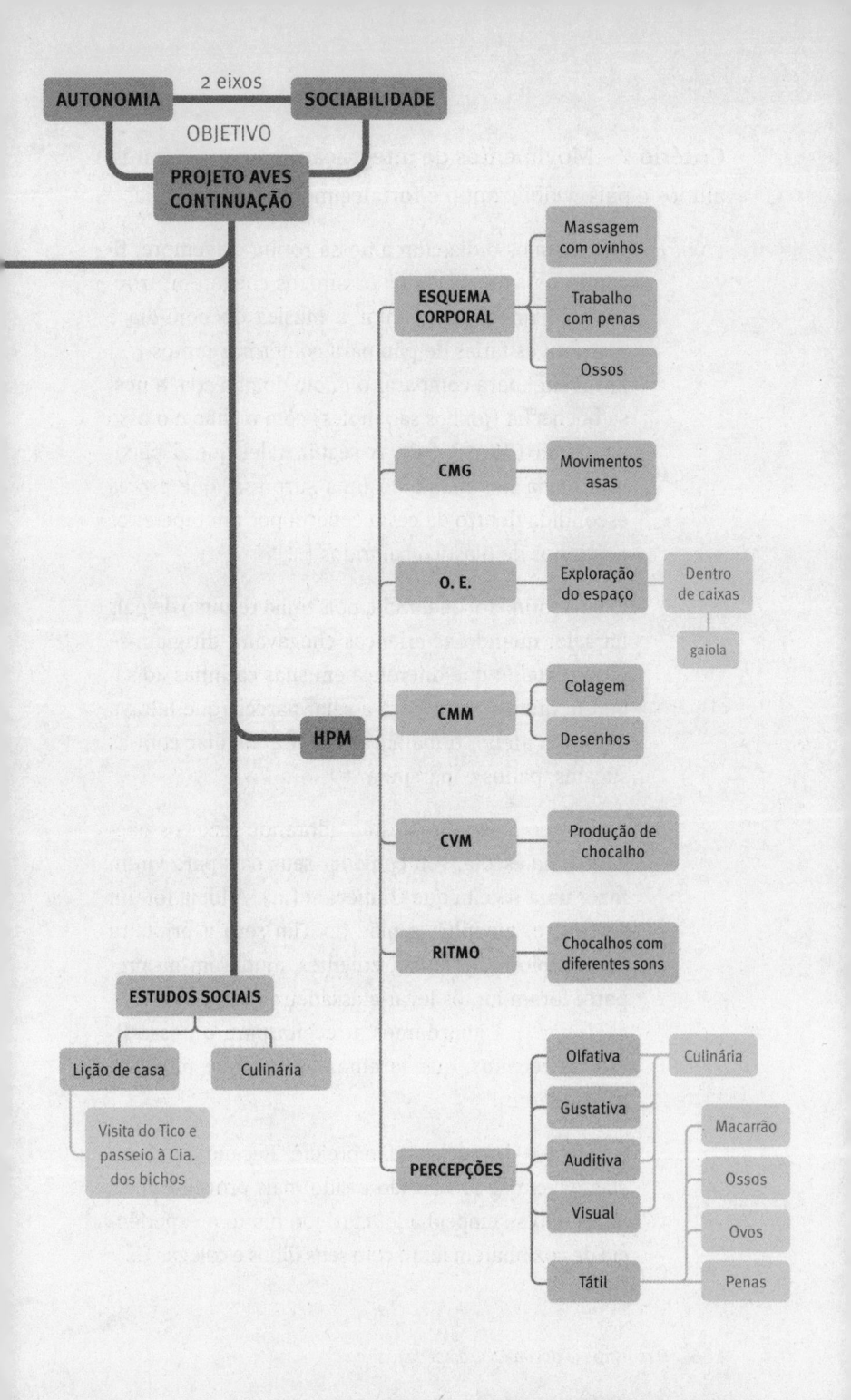

```
AUTONOMIA ── 2 eixos ── SOCIABILIDADE
         OBJETIVO
     PROJETO AVES
      CONTINUAÇÃO
            │
            ├── HPM
            │     ├── ESQUEMA CORPORAL
            │     │     ├── Massagem com ovinhos
            │     │     ├── Trabalho com penas
            │     │     └── Ossos
            │     ├── CMG
            │     │     └── Movimentos asas
            │     ├── O. E.
            │     │     └── Exploração do espaço
            │     │            ├── Dentro de caixas
            │     │            └── gaiola
            │     ├── CMM
            │     │     ├── Colagem
            │     │     └── Desenhos
            │     ├── CVM
            │     │     └── Produção de chocalho
            │     ├── RITMO
            │     │     └── Chocalhos com diferentes sons
            │     └── PERCEPÇÕES
            │           ├── Olfativa ── Culinária
            │           ├── Gustativa
            │           ├── Auditiva
            │           ├── Visual
            │           └── Tátil
            │                 ├── Macarrão
            │                 ├── Ossos
            │                 ├── Ovos
            │                 └── Penas
            └── ESTUDOS SOCIAIS
                  ├── Lição de casa
                  │     └── Visita do Tico e passeio à Cia. dos bichos
                  └── Culinária
```

Critério 7 – Movimentos de integração entre professores, alunos e pais, viabilizando o fortalecimento das parcerias.

> Começamos o dia com a nossa rotina de sempre, ficando na sala até todos os amigos chegarem; trouxe o peixinho para cantar a música do bom-dia e distribuí as fatias de pão para comermos juntos [...] aproveitei para comparar o miolo do pão com a nossa bochecha (ambos são moles) com o chão e o osso da perna (duros) [...]. A seguir, falei que o peixinho havia nos mandado uma surpresa, que estava escondida dentro da cesta coberta por um tapete: os peixinhos de plástico coloridos [...].
>
> Hoje a rotina foi quebrada, pois tinha reunião de pais na sala; quando as crianças chegavam, dirigiam-se para o ateliê: que diferença em suas carinhas ao saberem que não iam para a sala; parecia que faltava algo! No ateliê, trabalharam com a auxiliar com as sucatas, panos e massinha.
>
> [...] como as crianças estão adorando fazer os pãezinhos na escola, vou convidar seus pais para virem fazer uma receita que conheçam [...]. A ideia foi um sucesso e, amanhã, a mãe do Tim será a primeira [...]. Exploraram os ingredientes, ajudaram no preparo, foram juntos levar a assadeira para o forno da cozinha; [...] guardamos a receita para o nosso livro de receitas, que faremos depois que todas as mães vierem!
>
> [...] a cada dia que passa, o projeto "Receitas de nossa classe" tem se fortalecido e sido mais proveitoso! As mães têm se empenhado, curtindo muito a experiência de cozinharem junto com seus filhos e colegas [...].

Critério 8 – Avaliação constante, que tem a função de regular o trabalho, no sentido de dar continuidade ao tema proposto, ou não, de acordo com os interesses das crianças: fonte para o replanejamento do projeto.

> [...] estou trabalhando as cores primárias para que as crianças percebam as diferenças: dei massinha de duas cores, primeiro a vermelha e, depois, a amarela; a maioria gosta de misturá-las e perceber o que acontece quando as duas se juntam! [...] Quando alguém mistura, coloca uma em cima da outra, mas continua a pegar apenas uma cor para trabalhar, fazendo bolinhas ou minhocas [...] apenas Mauro e Marceli misturam as duas e ficam felizes com o resultado!
>
> [...] muitas crianças misturaram as duas cores do *finger* (massa quente) e obtiveram a cor laranja: pretendo trabalhar a massinha destas cores para ver o que fazem [...]. A atividade foi cheia de surpresas e pareceu bem atraente!
>
> [...] durante toda esta semana, procurei observar as brincadeiras da classe: a maioria ainda prefere brincar sozinha, distraindo-se no tanque de areia, os mais velhos (com dois anos) já começam a demonstrar interesse pela aproximação do outro, formando um grupinho enquanto brincam [...]. Neste caso, as brincadeiras favoritas mudam um pouco de rumo e começam a ficar mais agitadas, com correrias pelos quatro cantos do recreio [...]; às vezes, ficam sentados na areia e gostam de encher os potes com o funil [...]. Resolvi entrar no recreio e estimular a ampliação das brincadeiras: coloquei uma caixa de papelão no pátio e a transformamos em carrinho, e

todos ajudaram a empurrar o amigo que estava dentro, achando a maior graça! Ao mesmo tempo que brincávamos, estávamos trabalhando a questão do respeito, aprendendo a esperar a vez para participar e a ajudar o amigo, pois, do contrário, a caixa não saía do lugar. Trabalhamos, também, a questão da divisão dos materiais, pois são muito pequenos: tudo isto em uma simples brincadeira com uma caixa de papelão! [...] outro dia, coloquei uma música no recreio, começamos a dançar, a pular, a fazer diversos gestos, e todos participaram com muita alegria e disposição, deixando de lado as brigas, os empurrões e as disputas, transformando o pátio em um lugar tranquilo, gostoso para ficar e com novidades! [...] Pude observar que, ao inventar diferentes brincadeiras, o recreio deixou de ser um ringue de luta livre e passou a ser um ambiente agradável, tanto para as crianças quanto para as professoras.

[...] percebo que minhas crianças construíram dois vínculos: um com as professoras e outro com o espaço. Sentem-se seguras e à vontade quando estão na sala ou no recreio [...] gostam da sala e adoram quando a sua organização é modificada, criando, assim, estímulos para novas descobertas, fazendo com que evoluam sempre [...]. Os objetos pendurados na parede chamaram a atenção, os cantos da biblioteca, os bonecos de pano, os materiais da prateleira: tudo se tornou mágico e interessante! [...] o mais incrível é que nada se mistura: se um grupo está brincando com os bonecos de pano de um lado da sala, outro está trabalhando com os materiais da prateleira, e cada um permanece no seu lado [...]. O espaço é algo mágico, principalmente o recreio, no qual circulam à vontade, descobrem os cantos, saem por um lado, voltam por outro, achando diferente e emocionante tal proeza [...] outra coisa que é mágica é a escada: é um desafio, uma aventura que, aos poucos, vai se modificando, possibilitando que todos superem suas dificuldades, ganhando a cada dia mais segurança [...]. Acho que o espaço deve ser diversificado, para que estimule a exploração e a curiosidade da criança, ampliando seu universo.

Da narração à argumentação: o questionamento reflexivo e a autoria dos projetos de trabalho

À medida que o hábito de registrar começou a fazer parte da rotina de trabalho dos professores, alguns questionamentos espontâneos começaram a ser elaborados. A coordenação também trouxe questões, com o objetivo de provocar a reflexão das docentes sobre a própria prática pedagógica, a autoavaliação constante e a intencionalidade da ação docente, que planeja intervenções desafiadoras, possibilitando a apropriação e o exercício do papel reflexivo do educador.

Os questionamentos e o ato de escrever explicitamente dúvidas e controvérsias desencadearam reflexões, novas descobertas e modificações nos saberes e fazeres das professoras, que se percebem como autoras do projeto. A teorização da própria prática pedagógica causa satisfação e envolvimento pelo gerenciamento das próprias ações, desveladas pelo uso de expressões tais como: "aproveitei", "experimentamos", "vou fazer". No percurso dos relatos, é possível vislumbrar a trajetória da heteronomia para a autonomia, através das subjetividades e das tessituras da autoria do sujeito-educador.

> [...] em meu trabalho, tenho extrema preocupação com o processo de desenvolvimento do pensamento da criança, com a manifestação dos sentimentos e com o seu envolvimento no trabalho realizado. O foco é a criança, onde ela está, quem ela é e como pode manifestar a sua essência com um projeto, que instrumentos posso usar para que ela desabroche e que o conhecimento aconteça sem que se perca a infância: ao invés de me preocupar apenas com onde ela vai chegar, preocupo-me, também, como ela está lidando com os desafios que se apresentam nas diferentes etapas do projeto. Como nas palavras de Katz e Chard (1997): "os projetos providenciam a parte do currículo no qual as crianças são encorajadas a fazer suas próprias escolhas e decisões, geralmente em cooperação com os pares, acerca do trabalho que é preciso realizar. Nós consideramos que este tipo de trabalho promove a confiança da criança acerca do seu poder intelectual e fortalece as suas disposições para continuar no processo de aprendizagem".

Professora A

> A atividade foi muito interessante [...] eu é que fiquei um pouco aflita, estava com medo de que quebrasse alguma coisa que as crianças trouxeram (lição de casa do Projeto Mar), então, queria manter a ordem, o que seguramente não era possível, pois as crianças estavam muito entusiasmadas para ver as coisas e tocá-las.

[...] todos os anos recortávamos mil árvores de Natal, botas de Papai Noel, sinos e pedíamos às crianças que fizessem uma colagem com outras botas, sinos, círculos: era uma atividade puramente motora, sem valores, sem significado, tanto para nós professoras quanto para crianças [...]. Um dia, no café, perguntei às professoras se não poderíamos fazer diferente, conversamos com a Alice e começamos a pensar em um projeto sobre o Natal [...]. Trabalhamos valores, histórias de Natal, a confecção e troca de presentes de uma classe para a outra, os cordões com bolas coloridas para pendurar, as bolas de papel de alumínio para enfeitar a escola, os sacos de papel desenhados e repletos de sentimentos das crianças, além das garrafas coloridas que sinalizavam o caminho para o dia da festa [...] foi tudo muito envolvente e, no dia da festa, eu não conseguia nem cantar de tanta emoção [...]. Depois fiquei sabendo que aconteceu o mesmo com as outras professoras [...]. A experiência foi significativa, teve um sentido para todos, construiu-se um caminho durante duas semanas que não acabou com a festa, nem com o último dia de aula: a maneira como isto foi vivido entrou em cada um de nós e deixou sua semente, que continuará crescendo. O projeto envolveu valores pouco preservados atualmente e nós pudemos compartilhar experiências.

[...] ao observar o interesse das crianças por peixes e tubarões, tive a ideia de desenvolver o Projeto Mar, mas, se estamos atentos, as crianças nos mostram outros caminhos. Foi o que aconteceu! Quando no início do ano letivo pedi fotos das férias, imaginando que seriam apenas de praia, cada um trouxe uma foto de um lugar diferente, com histórias diferentes, que precisavam ser escutadas por todos! Ao olhar e ver aquele material, minha ideia inicial já me perturbava, pois ela não daria conta de explorar todas as possibilidades contidas ali. A primeira coisa que fiz foi colocar todas as fotos em transparências para serem vistas com o retroprojetor, com tamanho ampliado. Assim, a magia de cada uma aumentava ainda mais! No dia que o retro chegou à classe, foi uma festa: todos viam suas imagens, faziam comentários sobre onde estavam, o que estavam fazendo, ouviam comentários dos amigos sobre a sua foto [...]. Passado esse momento, começamos a trabalhar cada uma das fotos, que se transformou em conteúdo de um dia de trabalho! [...] *É nítido o interesse e a alegria das crianças em dividir com os amigos um pouco de suas vivências e, também, o quanto os amigos gostam de participar delas.*

[...] E estou cada vez mais transformando o meu modo de trabalhar e fazendo o que eu acredito, considerando o possível e o necessário, numa perspectiva da conquista de uma escola onde cada vez mais as trocas entre os diferentes segmentos possa acontecer, entre profissionais, com os pais e entre os diferentes grupos de alunos da escola.

[...] subi com a Alice para participar da entrevista com os pais de Yasmim (criança com paralisia cerebral). [...] Acho muito importante participarmos das entrevistas com as famílias e com as equipes de especialistas que cuidam dela, pois fortalece a parceria escola-família.

[...] meu maior desafio é conseguir lidar com a agressividade incontrolada de Zeca, que me dá a sensação de ter algum transtorno... precisamos conversar sobre Z [...]. *Não é preciso contatar a psicóloga que cuida do caso para ver se de fato ele não tem nenhum distúrbio?* [...] Li uma matéria na *Folha de S. Paulo* e ele preenche todas as características de criança com TODA: o que você acha? (trechos de registros de agosto de 2002, tal a agitação da criança na volta às aulas).

Professora B

[...] trabalhamos hoje com os pompons vermelhos de lã: talvez pudesse ter passado primeiro o saco com pompons dentro para apertar, e imaginar o que tinha dentro: algo mole, leve e sem barulho (da próxima vez, farei desta maneira, sem contar de imediato o que é!).

[...] voltamos a falar a respeito da casa, dos cômodos e comparamos tudo com a OCA [...] fomos para o ateliê e resolvemos fazer uma casa com os panos [...]. Virei as caixas com os móveis de madeira para que os arrumassem na nossa casa; no começo foi bom, brincaram e divertiram-se muito, de repente, começaram a correr, a se jogar sobre os panos, desmontando toda a casa. Pensei no porquê da mudança de atitude e perguntei à assessora de Arte, que sugeriu que, primeiro, eles montem a casa deles, no nível deles, como embaixo das mesas, transformando bancos em paredes, somente depois é que devo fazer uma casa em um nível mais alto. Ela me disse que o resultado será melhor! Vou experimentar!

Ler, reler, contar e, principalmente, recontar pelas próprias crianças, fez com que o Projeto Mar tomasse força a cada dia: as crianças aprenderam a ter confiança nelas mesmas ao recordarem a história da sua maneira, ao se expressarem em frente ao grupo de uma maneira mais solta e à vontade [...]. Aprenderam a esperar a sua vez para falar e, principalmente, a ouvir o que os colegas têm a dizer [...]. A seleção do material a ser trabalhado foi fundamental no andamento do Projeto Mar, pois tornou as propostas cada vez mais prazerosas: a experiência e o contato direto com os materiais possibilitou algo com grande significado!

A presença das mães na escola, fazendo parte de um dia de aula (Projeto "Fazendo o nosso pão", que terminou com a elaboração de um livro de receitas da classe), foi para as crianças algo de grande valor, pois elas não se esquecem do momento em que suas mães estiveram presentes para fazer as diferentes receitas de pão que conheciam. É também muito importante mostrar para os pais o trabalho desenvolvido com seus filhos e fazer com que se sintam parte do processo educativo. A parceria com as famílias foi, para mim, um grande salto e um delicioso trabalho. Estabelecer novas relações, troca de experiências com outras pessoas, fez com que eu me sentisse cada vez mais segura, proporcionando uma estabilidade de trabalho muito grande, favorecendo o desenvolvimento do projeto [...]. Acho que todos nós aprendemos muitas coisas com este projeto, principalmente que construir juntos é algo riquíssimo e que jamais poderemos esquecer.

[...] não estou em condições de escrever, pois não quero relatar a "tragédia" do dia de hoje; escreverei outro dia. DESÂNIMO.

Hoje resolvi escrever sobre sexta-feira: tudo pronto para realizarmos a festa do "Peixinho Dourado", lanches variados trazidos de casa, crianças alegres, todos extremamente contentes com a festa de encerramento do projeto, agitação total! Começamos a manhã fazendo o bolo de brigadeiro: apresentei todos os ingredientes às crianças, sempre lembrando de onde vieram [...] enfeitamos a classe com panos azuis da cor do mar [...] penduramos na lousa o painel do fundo do mar que fizemos durante todo o mês para brincar [...] tudo corria bem até a hora que a Gabi caiu do banquinho e bateu a cabeça, abrindo a cabeça; fui com a mãe dela para o hospital [...] ao retornar, tudo já havia acabado. Para compensar, fomos convidar as outras classes para comermos o bolo juntos [...] na hora da saída, as mães experimentaram um pedaço do nosso bolo [...]. Alice: você não acha que é muita coisa para um dia só? Quantas coisas importantes eu deixei de participar! Veja, não é questão de não saber lidar com as frustrações, mas é que todo um trabalho foi desenvolvido por quatro meses e justo no coroamento [...] fiquei, sim, chateada com tudo. [...] Não perdi a esperança, pois novos projetos virão junto com novas festas, pois como afirma o artista Marcelo Xavier: "**Festa** é dia especial, a alegria corre solta por todos os lados. Todos os sentidos são convidados: festa tem SABOR, tem CHEIRO, tem MÚSICA, tem DANÇA e muita coisa para se pescar com os olhos".

[...] a rotina estrutura o tempo, o espaço e as atividades em que os conteúdos são estudados [...]. Mediadas pela rotina, as crianças localizam-se no tempo e no espaço [...]. Nesse sentido, a rotina é alicerce básico para que o grupo construa seus vínculos, cumpra suas tarefas, assuma suas responsabilidades, para que o conhecimento possa ser construído. [...] diariamente começo o meu trabalho com a rotina da classe: cantamos músicas de bom-dia, vemos pelas fotos nos cabides quem faltou, cantamos os nomes dos que estão, observamos o tempo e conto para as crianças o que vamos fazer naquele dia.

[...] acho que a maneira que a criança pequena tem para se expressar é através do movimento [...]. Segundo uma pesquisa que fiz, a criança desta faixa etária não para muito tempo no lugar para ver as coisas, ela precisa pegar, tocar, mexer e remexer, ver como funcionam [...] precisa pesquisar através de suas ações, o mundo que está à sua volta [...]. Para Wallon, no início da vida, o pensamento se projeta em atos, atos onde a criança precisa do apoio do corpo para completar e apoiar sua comunicação [...] a linguagem corporal serve para a criança expressar seus sentimentos, desejos e experiências.

[...] durante todos estes anos que faço o registro, pude perceber o quanto cresci! No início era difícil, precisava ter tempo para fazê-lo, tinha que sentar e pensar no que havia dado naquele dia e o tempo era muito curto. [...] Com o passar dos anos, o ato de registrar passou a fazer parte da minha rotina, passou a se transformar em uma espécie de diário, onde eu posso escrever tudo o que aconteceu, tudo o que eu penso, os problemas, as dificuldades encontradas no grupo, os resultados obtidos, os acertos e, principalmente, os erros, que nem sempre são fáceis de ser assumidos, o que é necessário para haver evolução e crescimento [...]. Através do registro diário construí a história do meu grupo com muito prazer e interesse [...]. O ato de registrar implica um momento de parar e pensar, de refletir sobre o que fiz e o que vou fazer. É o momento de reler, de ver, de reavaliar o processo, e de me avaliar, percebendo o que foi bom, o que poderia ter sido melhor, transformando esses acertos e erros em planejamento, com mudanças, críticas e conselhos, contribuindo para o desenvolvimento do grupo como um todo!

[...] todos os dias, ao registrar o meu trabalho, penso e reflito sobre todas as atividades do dia e nos outros também, para ver se está havendo um entrelaçamento entre elas [...]. Acho que refletir é, sem dúvida, o momento de parar para pensar e repensar (lá vai novamente o **re** que você adora, não é Alice?) sobre tudo o que foi, está sendo e será feito: devemos ter sempre presente na nossa reflexão estas três etapas! [...] ao se refletir, avalia-se a situação no sentido de analisá-la, apreciá-la, verificando se o que foi planejado resultou num trabalho plenamente satisfatório, envolvendo todo o grupo: crianças e professores.

A autoria garante a diversidade dos projetos: cada professora trabalha as atividades de uma forma pessoal, como revela a multiplicidade das propostas desenvolvidas, sistematizadas nos textos finais dos portfólios (dezembro de 2002) das três professoras que, a meu ver, traduzem as considerações feitas neste livro.

Autoria e diversidade: projetos

Professora A

Grupo formado por quinze crianças com três anos e uma professora auxiliar:

Projeto Pingos

Iniciei o trabalho de construção do grupo com rodas de mágica. Como eles estavam em fase de adaptação e gostavam muito desta atividade, nos reuníamos na linha todos os dias para fazer mágica com os materiais da classe. Depois, aos poucos, passei a usar os objetos pessoais de cada um.

Numa segunda etapa, comecei a explorar bastante as histórias com livros, sem livros e com exercícios fonoarticulatórios. Durante as rodas de história, eles começaram a se expor mais e trocar informações e ideias.

Depois de criar um vínculo com as crianças, pude começar a estabelecer regras e seguir uma rotina dentro de nosso planejamento. Com o grupo mais à vontade, passei a explorar o espaço da escola. As crianças fizeram passeios, recolheram materiais e participaram de rodas de conversa sobre as funções dos funcionários, as salas existentes e os materiais e brinquedos disponíveis.

Após as atividades de reconhecimento do espaço, comecei a trabalhar o corpo através das danças, rodas, músicas, relaxamentos e dramatizações. Nesta fase, ficou muito forte a história do barco feito com uma roda de barbante.

Assim, o grupo constituiu-se, organizou-se e trabalhamos durante todo o semestre o Projeto Pingos. Os personagens Pingos foram muito importantes para o entrosamento entre as crianças e ajudaram bastante na organização e envolvimento nos trabalhos.

Tudo começou quando eu contei a história *Volta ao mundo*, da Coleção dos Pingos. Nesta história, todos os Pingos entram em um barquinho e saem para conhecer o outro lado do mundo. As crianças adoraram esta história e pediram para eu repetir todos os dias. A partir deste dia nasceu o Projeto Pingos e eu comecei a usar todos os livros da coleção.

No início, trabalhamos muito no ateliê e fizemos diversas experiências com água e tinta, pois contei a história do pingo de tinta que caiu e ajudou na formação do arco-íris. Para realizá-las, usei pratinhos e bacias com água, esponjas, garrafas, funis e tintas de várias maneiras (com a mão, pé, rolinho e pincel). Além disso, fizemos massinha de várias cores, trabalhamos diversas vezes com *finger* colorido e observamos a chuva.

Em seguida, direcionei o trabalho para as características de cada um dos pingos, associando-as aos sentimentos:

- Pingo de fogo vermelho-coração (muito carinhoso)
- Pingo de sol amarelo-sol (alegria)
- Pingo de ouro-laranja (aventura)
- Pingo de céu azul-claro (toca violão)
- Pingo de lua azul-escuro (dorminhoco)
- Pingo de flor roxo (comilão)
- Pingo de mar verde (sabido)

Durante esta fase do trabalho, usamos muito as atividades corporais, escutamos as batidas do coração depois das corridas, fizemos percursos, experimentamos sensações, tocamos as partes do corpo e fizemos diferentes brincadeiras e relaxamentos. Além disso, dramatizamos diferentes situações.

Depois de um trabalho enfocando cada um dos colegas, suas fotos e cada um dos Pingos, trabalhamos com as pessoas da família das crianças e das professoras.

A partir do livro *Volta ao mundo* começamos um ritual de passeio de barco. Este barco era representado por um barbante unido em forma de círculo. Este foi o trabalho que, feito diariamente, ajudou muito na união do grupo e no companheirismo durante as danças e atividades corporais.

Através do Pingo de Sol, introduzi o círculo e trabalhei sombra, dia e noite, lua e estrelas. Em seguida, passei a trabalhar com as cabanas montadas com panos e pregadores na classe. Dentro dessas cabanas, as crianças ouviam histórias, brincavam com os Pingos (bonequinhos feitos de tecido e cheios de algodão), organizavam brincadeiras e disputavam lideranças.

Outra fase do trabalho ficou marcada pela alegria e satisfação das crianças. Elas foram sorteadas, uma a uma, para levar uma mala para casa. Dentro dessa mala estavam os sete Pingos, um dos panos da nossa cabana e um livro da Coleção dos Pingos que poderia ser escolhido. Na volta, fazíamos um ritual de devolução, em que a criança mostrava a mala, recontava a história do livro, contava como foi a visita e mostrava fotos de sua família e o registro escrito por seus pais (Tarefa: escrever os nomes das pessoas da família e dos funcionários da casa, sinalizando suas profissões e preferências). Em seguida, aproveitávamos para fazer uma dramatização ou um trabalho relacionado ao que ouvíamos.

Para localizar as crianças sobre a Copa do Mundo e saciar sua curiosidade em relação ao que estavam ouvindo, os Pingos fizeram uma viagem até o Japão e trouxeram muitas novidades. Depois dessa viagem, trabalhamos com as bandeiras, os uniformes e os costumes dos brasileiros e dos japoneses. Este trabalho englobou várias atividades de percepção. Fizemos até um almoço japonês com sushi e gohan.

Para finalizar, além dos trabalhos com bola e das brincadeiras organizadas na escola, fizemos uma visita ao estádio de futebol no Morumbi. Todo o material sobre futebol trazido pelas crianças e recolhido na visita foi utilizado em uma exposição montada na escola para que seus pais pudessem ver todo o trabalho realizado.

Avaliação do primeiro semestre: Foi um semestre muito difícil! Acho que foi uma luta dura, mas que deixou mais uma bagagem acumulada no meu conhecimento sobre educação, atitude e profissionalismo.

No segundo semestre, dei continuidade ao trabalho com os Pingos coloridos, pois o tema ainda era motivo de empolgação, interesse e curiosidade por parte das crianças.

Com a volta das férias de julho, as crianças chegaram contando muitas novidades sobre as viagens com suas famílias. Como a maioria falou sobre passeios no campo e citou vários animais como cavalo, galinha e vaca, contei a história *Passeio na fazenda*, da Coleção dos Pingos. A partir dessa história, montamos vários painéis (do galinheiro, cocheira, curral e outros), que foram usados como cenários para diversas brincadeiras, dramatizações e para um divertido piquenique, ao qual as crianças foram com as bicicletas que trouxeram de casa. Trabalhamos os exercícios fonoarticulatórios, as músicas que falam desses animais e fizemos experiências que despertaram o interesse e a observação da natureza e de seus fenômenos.

Além disso, fizemos trabalhos e brincadeiras sobre higiene, moradia, pomar e horta, que foi o tema que mais interessou por conta do personagem Espantalho. Ele participou de várias histórias e jogos em que as crianças tinham que classificar materiais, descobrir segredos, organizar formas e preparar receitas.

Outro destaque foi a história do livro *O artista* que, além de motivar as crianças durante as pinturas no ateliê, acabou sendo objeto de integração entre os grupos de Maternal. Os alunos convidaram os colegas e lideraram a pintura de uma linda tela para a decoração da secretaria da escola. O sucesso garantiu muitos elogios e grande orgulho para as crianças e suas famílias.

Estes trabalhos foram enriquecidos pelas lições de casa e pelas visitas à Companhia dos Bichos, Cidade do Livro e Museu de Zoologia.

No ateliê, continuamos o trabalho com garrafas coloridas, pintamos panos e fizemos um livro com páginas cujas folhas têm a forma de um pingo. Cada uma foi pintada com uma cor e de uma forma diferente (ex.: para o Pingo de fogo usamos tinta vermelha com as mãos). Depois de pintar as sete páginas, as crianças fizeram a história do livro contando as características e preferências dos Pingos (trabalhamos com os onze livros da coleção durante o ano). No final, cada um montou o seu livro, reunimos vários trabalhos e materiais usados durante todo o ano e convidamos os pais para uma colorida exposição!

Avaliação do segundo semestre: Neste semestre, explorei com mais tranquilidade os conteúdos que surgiram nas histórias e organizei o trabalho para um caminho com objetivos mais definidos. Assim, acho que pude transformar o tema em um projeto realmente interessante que, além de dar a possibilidade das crianças "viajarem" com as onze histórias ligadas aos elementos da natureza, ajudou a unir o grupo e a alcançar as propostas de aprendizagem. Cada novo ano, novas descobertas e novas possibilidades de aprendizado. Os desafios nos atormentam, mas acabam gerando energia e armazenando conhecimentos.

Professora B

Grupo formado por doze crianças com dois anos e meio a três anos e uma professora auxiliar:

Projetos O que é ser um amigo legal? e Animais de Estimação

A construção do grupo: ele começou a se formar quando cada criança foi percebendo que fazia parte desse grupo, e que este tinha uma rotina, algumas regras, e que todos eram importantes para que as atividades acontecessem.

Alguns símbolos foram importantes para que isso acontecesse: o gatinho para cantarmos "Boa tarde" e "Olá"; as músicas que cantávamos todos os dias para ele; olhar o tempo; a música do trem em que o nome de todas as crianças vai sendo dito. Mais para a frente, fizemos a caixa dos tesouros (uma caixa de sapato com a foto e o nome de cada criança, pintada por elas), o "chefe" do dia e também todas as atividades desenvolvidas desde o início.

Como desde o começo do ano as crianças demonstraram interesse por bichos, principalmente por gatos e cachorros, pois sempre falavam sobre isso, eu ia começar o projeto Animais, mas comecei a ver a necessidade de trabalhar os relacionamentos, o que era ser um amigo legal, pois estava um pouco difícil: muitas crianças batendo, empurrando, e alguns até mordendo.

Comecei então a trabalhar com o projeto "O que é ser um amigo legal?". Todos os dias eu contava a história *Pedro e Tina*. Começamos a observar tudo o que acontecia no livro, sempre enfocando muito o lado da amizade. Fizemos aviões de papel que as crianças pintaram com giz e ficamos brincando muito tempo (como o Pedro e a Tina no livro); no outro dia, nos vestimos como eles, com casaco e chapéu (fizemos chapéu de papel) e brincamos novamente de jogar os aviões. Pintamos também um avião grande de Kraft que ficou pendurado na classe. Fizemos um chapéu de papel grande para as crianças usarem e um pequeno para o Pedro e a Tina; pintaram os chapéus com giz de cera.

No livro, Pedro e Tina fazem muitos movimentos corporais, como olhar para cima, para baixo, rolar, dar cambalhotas, ficar de frente, ficar de costas. Em uma parte do livro, Pedro está fazendo um piquenique com seus bichos de pelúcia e nós também fizemos um piquenique. Pintamos um Kraft redondo que seria nossa toalha, com guache e rolinho, combinamos o que teria de comida, as crianças escolheram bolo, pão com queijo e presunto, maçã e suco. Um dia antes, preparamos o bolo e no dia do piquenique as crianças levaram bichos de pelúcia (pedi que, se fosse possível, levassem bichos de pelúcia que representassem animais domésticos para que já pudéssemos começar a falar sobre eles): cada um levou uma coisa para o pátio, um levou o pão, o outro o queijo e assim por diante, nos sentamos todos em volta da toalha e cada criança escolheu o que queria comer. Foi muito gostoso e tranquilo, no final as crianças ajudaram a levar as coisas para a cozinha.

Eles adoravam ver a casinha que Pedro e Tina fizeram na árvore e, por isso, no ateliê começamos a desenvolver o trabalho com o espaço, utilizando caixas grandes de papelão. Terminado o trabalho do projeto "O que é ser um amigo legal?", começamos o trabalho com os animais domésticos do projeto Animais.

Cachorro: começamos pedindo para as crianças fotos de animais domésticos que tinham em suas casas ou, se não tinham, de parentes ou de algum bicho que gostariam de ter. Colocamos as fotos em transparência e observamos uma por uma. As crianças fizeram comentários sobre seus bichos, disseram seus nomes, onde moravam, como eram, o que faziam. O bicho que mais apareceu foi o cachorro, por isso começamos a desenvolver o projeto por esse animal; apareceram também um passarinho, uma tartaruga e um gato. Contei muitas histórias em que os personagens tinham cachorros, fizemos dramatizações onde eram cachorros. Levei um cachorro de pelúcia para a escola, que as crianças deram o nome de Pupi, e que se tomou o intermediário para todas as nossas atividades (símbolo do grupo).

Mostrei para as crianças o livro *Cão*, sobre o nascimento do cachorro. Pudemos observar que o cachorro mamava, mostrei também a figura de um bebê mamando e, nesse dia, as crianças experimentaram o leite quente/frio e com/sem Nescau. Nesse livro, eles dizem também o que o cachorro recém-nascido consegue e o que ele não consegue fazer: ele não enxerga, não escuta, mas sente muito bem os cheiros. A partir disso, desenvolvemos muitas atividades envolvendo as percepções auditiva, tátil e olfativa.

Para trabalhar a percepção auditiva, fizemos uma brincadeira com o despertador. As crianças saíam da sala, eu colocava o despertador escondido e quando elas entravam, tinham que descobrir pelo barulho onde estava o despertador. Brincamos também de Maestro Fantasma.

Para trabalhar a percepção tátil e, de certa forma, a visual, pegamos alguns objetos como escova de cabelo, escova de dentes, bola, banana, copo e os observamos bem. Chamava uma criança por vez, fechava os olhos dela e colocava um objeto em suas mãos para que adivinhasse o que era. Nesse dia, depois do recreio, as crianças comeram banana amassada e em rodelas com Nescau.

Para trabalhar a percepção olfativa, sentimos o cheiro da borra de café, da laranja, do limão, de um perfume e de álcool, mostrei tudo para as crianças. Colocamos as coisas em um pratinho, o perfume e o álcool em uma bisnaga de plástico de um jeito que as crianças não pudessem enxergar, apenas sentir o cheiro. Fui chamando uma por uma e apresentava algum dos cheiros para que ela pudesse adivinhar. Depois, deixei o material em cima de uma mesinha para que as crianças os explorassem livremente.

Sempre antes de todas essas atividades, pegávamos o livro *Cão* e relembrávamos o que tínhamos visto. O livro mostra o cachorro um pouco mais crescido e começamos a pensar o que ele comia, quando não mamava mais. As crianças experimentaram a carne e fizemos algumas atividades com ração.

Aves: No trabalho com as aves, mostrei às crianças um livro sobre aves e coloquei o CD da Ruth Rocha "Mil Pássaros". Uma das meninas trouxe uma arara e um tucano de pelúcia de sua casa, a quem as crianças deram os nomes de Tuca e Lila: eles estiveram presentes e intermediaram as atividades durante todo o trabalho. As crianças observaram diferentes tipos de penas de aves verdadeiras, que um pai trouxe para nós, e penas coloridas que fizemos na escola: as exploraram, brincaram de assoprá-las, além de fazerem um trabalho de colagem num painel que pintamos com as mãos, com tinta azul e branca, no ateliê. Recebemos a visita de um dos pais, que trouxe muitas aves empalhadas, contou curiosidades sobre cada uma e sobre a alimentação. Fizemos uma visita ao zoológico onde ele é biólogo, e pudemos ver diversos tipos de aves. Observamos ovos de diferentes aves e as crianças experimentaram ovo cozido de galinha e de codorna (elas descascaram sozinhas), ovo mexido, frango e fizemos também um pudim, ideia dada por um dos meninos, que a justificou pelo fato de se usar ovo para fazê-lo. No ateliê, fizeram um trabalho de brincar, quebrar e colar a casca do ovo.

Fizemos um trabalho com a alimentação das aves que o pai nos mostrou. O tucano e a arara comem frutas, então pedimos para que as crianças trouxessem frutas de suas casas, observamos cada uma e depois comemos; coloquei a música "Pomar" e as crianças brincaram com as frutas de plástico. Experimentaram a água e a polpa do coco verde e do coco seco e puderam também observar o coquinho. Com a casca do coco seco, fizeram um trabalho de colagem. Observamos um camarão, alimento de uma ave e, como o pato come folhas, fizemos um trabalho com elas. Pedi que as crianças trouxessem folhas de suas casas e na classe as observamos, fizemos um trabalho de colagem e depois começamos a manipular as folhas comestíveis: salsinha, cebolinha, erva-cidreira, manjericão e hortelã. Observamos todas elas, sentimos o cheiro, observamos as suas características e usamos cada uma para fazer uma comida. Com a salsinha e a cebolinha, fizemos um sanduíche natural de frango que as crianças desfiaram. Tomamos chá de erva cidreira quente e frio, fizemos e comemos pizza com manjericão e suco de abacaxi com hortelã.

A professora do outro grupo nos convidou para irmos à sua classe, pois no seu projeto dos livros surgiu uma história sobre aves, e ela a contou para nós. Nesse dia, ela nos presenteou com um prato que seus alunos haviam feito e, para retribuirmos, fizemos um bolo (ideia de um dos meninos) e os convidamos para comer. Contei muitas histórias: "O rouxinol do imperador", "O patinho feio", "A galinha ruiva", "O canto do canário". Fizemos muitas dramatizações e brincadeiras. Um dia, coloquei panos verdes em cima das mesas (as árvores) e as crianças eram os pássaros; quando a música tocava, as crianças iam passear e quando parava e o chocalho começava a tocar, tinham que subir na árvore e ficar no ninho. Brincamos também de coelho na toca, mas trocamos os personagens por pássaros e gatos.

Gato: quando estudamos o gato, contei muitas histórias a eles: "O gatinho perdido", "Os três gatinhos", entre outras. Receberam a visita do gato Bonner e puderam fazer muitas perguntas à sua dona. Experimentaram leite, mingau (por causa da história "Os três gatinhos", que comem mingau) e peixe. Brincaram com pompons de lã, que usamos também para fazer massagem, e no ateliê fizemos uma colagem explorando fios de lã. Recebemos a visita de outra professora na classe, que nos mostrou fotos dos gatos de seu namorado e nos contou muitas coisas sobre eles. Fizemos brincadeiras e dramatizações em que usamos as caixas e os panos.

Tartaruga: após observarem muitos livros sobre tartarugas, assistimos a um filme do Projeto Tamar. O pai biólogo nos trouxe diversos cascos de tartaruga, que observamos e manipulamos. Depois disso, as crianças fizeram suas próprias tartarugas pintando a casca do coco verde que já estava seca, e com elas fizemos muitas brincadeiras. Experimentamos e observamos tomate (pequenos e grandes) e alface, alimento preferido das tartarugas da professora auxiliar, e tivemos a oportunidade de fazer uma visita à sua casa, onde as observamos, as alimentamos, tomamos um lanche delicioso e as crianças ficaram brincando na casinha de brinquedos dos filhos dela. Contei muitas histórias para as crianças "A tartaruga e a lebre" e "A festa no céu" (algumas versões são com a tartaruga e não com o sapo).

Avaliação: tinha muitas expectativas relacionadas ao projeto e à minha classe do ano passado; mesmo sabendo que cada grupo é um grupo, no começo foi bastante difícil controlar minha ansiedade. Agora que esta fase foi superada, estou conseguindo trabalhar com mais calma, no *timming* deste grupo. É um grupo agitado, com tipos muito particulares de personalidade e que aos poucos estou aprendendo a lidar. O trabalho desenvolvido foi bastante satisfatório e o projeto sobre os animais deu muitos frutos. Neste segundo semestre, o final foi compensador, pois depois das dificuldades da escalada, encontrei uma maravilhosa paisagem.

Professora C

Grupo formado por quinze crianças de um ano e meio a dois anos e meio e uma professora auxiliar:

Projeto Aves

A construção do grupo-classe desse ano se deu a partir do momento em que começamos a trabalhar a identidade das crianças, através das fotos. Este trabalho foi de muita importância para haver realmente a construção do grupo, pois, com as fotos as crianças começaram a se conhecer, a reconhecer o outro, e a se identificar entre todas as fotos juntas. Aprenderam os nomes dos colegas com facilidade e passaram a chamá-los com perfeição por seus nomes.

A ideia do Projeto Aves surgiu por meio do interesse das crianças pela gaiola dos periquitos do pátio da escola, que íamos visitar todos os dias. Então, resolvi comprar um livro sobre aves, achei um que tinha a história de uma galinha que botou vários ovos e se chamava "A galinha choca". No chão da sala havia um tapete de quebra-cabeça, com galinhas, aproveitei a ocasião e apresentei uma para eles. Resolvemos dar um nome para ela: Lili. Na história do livro havia também um passarinho, a quem demos o nome de Mico.

Soraia trouxe de casa uma galinha de pelúcia e eu trouxe um passarinho: essas duas aves tornaram-se os símbolos do nosso grupo. Todos os dias cantamos as músicas da rotina segurando um ou outro. Esse momento da música do "ta-tá-lá", onde cada um segura um pouco a ave, serviu para fortalecer com as crianças a ideia de repartir os materiais e esperar sua vez para pegar algum material.

Várias histórias foram contadas com livros, slides, com e sem CD. Através dessas histórias, conhecemos o corpo da galinha e do passarinho, comparamos seus corpos com os nossos, percebendo as diferenças e semelhanças.

Conhecemos alguns alimentos que eles comem, como milho e pão. Aproveitamos, então, a oportunidade e passamos a experimentar o pão da escola, comendo-o diariamente, no momento da entrada. Já com o milho, houve um trabalho bem diversificado.

Com a história "A galinha ruiva", em que encontra alguns grãos de milho pelo chão e acaba plantando-os para depois fazer sua colheita e produzir alguns alimentos, resolvemos fazer diversos, introduzindo assim a aula de culinária, que foi dada semanalmente às quintas-feiras. Nesses momentos, as crianças participavam bem mais do que nas outras propostas; a atenção era dobrada, tudo por causa dos segredos das transformações. Essas atividades serviram também para trabalharmos as noções de medidas, contando sempre a quantidade de xícaras, de copos, de colheres, e assim por diante. O trabalho com as percepções esteve sempre presente com a apresentação de todos os ingredientes, desde a exploração das embalagens até prová-los.

Já que a gema do ovo é amarela, resolvemos trabalhar com essa cor, tanto no ateliê quanto nas atividades de matemática. Pintamos uma caixa de papelão com tinta amarela para guardar alguns chocalhos que fizemos com potes vazios, enchendo alguns com milho e outros com areia, todos pintados com tinta amarela. Com esses chocalhos, trabalhamos leve e pesado, cheio e vazio, som forte e fraco.

Com os livros das aves conhecemos diversos pássaros e lugares onde moram. Começamos a nos interessar pelo João de Barro, o que nos proporcionou uma grande quantidade de trabalhos a serem realizados no ateliê, como a manipulação do barro, da terra seca e molhada. Com ele, surgiu a ideia de fazermos vasos pequenos de barro, passamos lixa, pintamos com tinta amarela e cola, e depois fizemos uma plantação de alpiste, já que era a comida do periquito, com a qual já havíamos trabalhado. Fizemos diversas atividades com a tinta amarela pintando-a com as mãos, pincéis, e em várias superfícies.

Durante todas as atividades, a linguagem esteve sempre presente, fazendo com que as crianças ampliassem seu vocabulário, expressando-se com mais clareza e fluência. Galinhas de pano foram feitas e recheadas com papel de seda e de toalha amassados; foram pintadas com tinta amarela e cola, e depois foram coladas as penas.

Galinhas botam ovos, então fiz vários ovos usando bexigas cheias com painço, areia e feijão. As crianças fizeram massagens no seu corpo e no do amigo, perceberam as diferenças ao manipularem e, ao terminarem de trabalhar, guardavam os ovos, organizando-os pelas cores e pelo tato. Através dos meus registros diários, pude perceber o que estava dando certo e o que estava precisando de ajustes. Chegamos ao final do semestre tendo atingido todos os objetivos propostos. Fizemos um trabalho rico em experiências, detalhes, feito de forma prazerosa, cheio de descobertas, e com muitos progressos.

Neste segundo trimestre, continuamos a trabalhar com o Projeto Aves. Demos um amigo para a galinha Lili, o passarinho Tico, que tornou o projeto ainda mais prazeroso. Mergulhamos de cabeça no mundo dos pássaros. Juntos, os dois fizeram parte da nossa rotina, lembrando e percebendo as características de cada um. As comparações estiveram sempre presentes: tamanhos e formatos de bicos; tipos e cores de penas; pés e unhas; ninhos, gaiolas e galinheiros; ovos de diversos tamanhos e cores; papos e diferentes cristas.

Certo dia, resolvemos comer coxinha de frango, preparando-a durante uma aula de culinária. Enquanto comíamos me deu um "estalo" e me perguntei: por que não trabalhar com os ossos da galinha? Foi sem dúvida uma grande ideia, pois pudemos trabalhar os ossos do nosso corpo, comparando os dois, percebendo as características de um osso.

Continuamos a trabalhar a culinária, com uma aula semanal. As crianças adoraram essa atividade, dando a ela uma atenção toda especial. A magia das transformações é algo que prende a atenção das crianças, ainda mais se elas participam de todo o processo. Bolos, biscoitos, tortas e pães foram feitos e saboreados com muito prazer. Tudo sempre foi feito com o milho e com os ovos da galinha Lili, que ela botava na hora, e com as receitas que ela mesma nos dava. Isso por causa da história da Galinha Ruiva e seus pintinhos, que fez diversos pratos com o milho que ela plantou. Durante essas atividades, demos também muita ênfase à matemática ao contar a quantidade de xícaras, colheres e copos a serem usados em cada receita; às percepções; e às cores dos alimentos e dos rótulos dos ingredientes.

Trabalhamos diversos temas durante o decorrer do semestre. Construímos uma gaiola para o passarinho Tico, para que ele pudesse ir para a casa de todas as crianças para conhecer onde elas moravam; fizemos vários ninhos com diferentes espessuras de palha, pintando-os depois com tinta e cola; pintamos um ninho de macarrão, fizemos ovinhos de barro e depois os colocamos dentro dos ninhos; fizemos diversas pinturas usando penas (dos dois lados) como pincéis, o que possibilitou para as crianças observarem diferentes tipos de traços; e brincamos muito com os panos e com as caixas de papelão que foram transformadas em ninhos de passarinho.

Na nossa sala, tivemos a visita de um pai biólogo. Ele trouxe diversas espécies de aves empalhadas, penas de vários tamanhos e cores, assim como também alguns tipos de ovos. As crianças ficaram encantadas com tanta novidade e a visita foi um sucesso; no final oferecemos um bolo de chocolate feito por elas, com muito carinho.

Fomos passear na Companhia dos Bichos (fazendinha), o que nos deu uma visão real do galinheiro, do ninho da galinha com seus ovos, e pudemos até segurar algumas delas e passar a mão em suas penas. Pudemos ouvir diferentes cantos de pássaros, ver alguns passarinhos voando e pousando nos galhos das árvores, ou mesmo no gramado. Realmente, foi bem divertido e, sem dúvida nenhuma, valeu muito a pena ter ido!

Não faltaram as histórias, as danças de roda que cresceram bastante neste semestre. As preferidas foram: "A galinha do vizinho", "A galinha magricela", a do "Passarinho", "Atirei o pau no gato", sem esquecer a "Ciranda, cirandinha", é claro!

Durante todas as atividades, a aquisição do vocabulário, o trabalho com as percepções e o esquema corporal estiveram presentes, fazendo com que as crianças se desenvolvessem a cada dia mais, adquirindo novos conhecimentos e ampliando muito seu vocabulário. Finalizamos o projeto com a visita ao Museu de Zoologia, que foi um passeio que para mim ficou muito marcante!

As crianças se mostraram extremamente interessadas por tudo o que eu mostrava, sabiam os nomes de algumas aves, perceberam os diversos ninhos existentes nas árvores, enfim, foi maravilhoso ver que todo o esforço, dedicação e empenho que tivemos no decorrer do ano, valeu a pena! Muitas coisas ficaram presentes em suas vidas, e como tudo foi aprendido com prazer, tenho certeza de que permanecerá. Adoro trabalhar com projetos por isso: por eles serem flexíveis, terem um futuro a ser realizado, por ninguém saber ao certo o caminho que irão seguir, e por ser uma arte em permanente construção.

Os textos dos portfólios das professoras, todos do tipo integrado, com dimensão holística, comprovam a construção disciplinada do professor-autor e as tessituras da sua memória. Tessituras constituintes e constitutivas do sujeito e do grupo ao serem registradas por escrito, exercício de reflexão e de ressignificação da prática pedagógica do educador, comprometido com a aprendizagem da criança.

A formação em serviço e o desenvolvimento profissional docente

A formação feita em serviço tem a intenção de possibilitar o desenvolvimento de todos os profissionais da equipe escolar, levando em consideração a emergência de questões do cotidiano e o fortalecimento da cultura do grupo. Ao compartilhar situações, desafios e problemas do dia a dia, simultaneamente se debate o ponto de vista de cada um e da instituição como um todo, construindo um repertório conceitual e prático coletivo, no qual todos possam se reconhecer e se responsabilizar. A ação da coordenação é fundamental para fortalecer a cultura de grupo, desafio a ser transposto nas jornadas formativas de cada escola.

A ação da coordenação: os registros da coordenação sobre os textos das professoras, entrevistas e reuniões

Rever, reler e reinterpretar palavras, textos e ansiedades referentes a dez anos de exercício do papel de coordenadora provocaram em mim sentimentos variados: conquistas e avanços no trabalho realizado; a dimensão do processo como um todo; a certeza da escolha de caminhos possíveis, de intervenções adequadas e de faltas a serem superadas. Recuperar minha trajetória como coordenadora, que justificasse a construção da autonomia, da identidade dos professores como autores conscientes de seus percursos formadores e do desabrochar de seus projetos de trabalho, certificou-me da validade do uso dos registros na formação docente. Quantos fios tecem cada história e quantas histórias se entrelaçam no grupo de Educação Infantil, compondo a história da profissão docente nesse segmento, em especial.

Optei por fazer a releitura de meus cadernos de registro diário, buscando trechos que pudessem ter associações com as colocações das professoras em seus diários citados, dilemas formativos que vivemos juntas ou, ainda, tarefas desenvolvidas com objetivos previamente estabelecidos. Os recortes procuraram conexões entre as falas da coordenação e dos professores, pontos de interação entre os diversos canais: na leitura dos cadernos; nas entrevistas individuais; nas observações de sala de aula, fonte de material para registro e para intervenção nas entrevistas; na vivência de conflitos no cotidiano da escola; nas reuniões de professores. Como o objeto deste livro é a formação do professor, cito alguns de meus registros, apenas para ilustrar as relações estabelecidas:

A. Leitura de registros diários

> [...] fiz a primeira leitura dos cadernos de registro – diários das 28 professoras com quem trabalho neste ano [...]. Percebo que buscam soluções originais para registrar seu cotidiano e a reflexão começa a brotar em seus textos [...]. Começam a aparecer algumas sínteses (cinco professoras); que convivem com textos que se repetem em seu histórico detalhadíssimo (quatro professoras); [...] alguns refletem pouca evolução (duas professoras). [...] *há auxiliares que alçaram voo* (cinco) e outras que apenas reproduzem o fazer das titulares, sem encontrar espaço próprio pra atuar (três); as demais continuam seus percursos autoformativos (nove auxiliares). [...] preciso traçar metas individuais para que todas progridam e usar as entrevistas individuais para fazer as intervenções e discussões problematizadoras necessárias neste momento.

B. Entrevistas

Professora A

> [...] planejamento proposto com grãos e vestuário em ação [...] introduz a figura do caipira e trabalha através de receitas caipiras [...]. Sugeri que chame

as mães que mandaram as duas receitas para virem à escola fazê-las; gostou da ideia [...]. Seu foco neste mês: preparar a festa caipira [...] *vão fazer uma pipa e alguns doces caipiras*; preocupada com a agitação de JP e a distração de B, que além de ser muito dispersiva, não fala nada, e quando é contrariada, trava! [...] combinamos que ela vai chamar B para conversar longe do grupo e começar a conversar sobre ela mesma para ver se B se solta!

[...] quer falar sobre a impressão digital de cada um e mostrar fotos de cada família – vai pedir fotos como pesquisa em casa.

[...] divide com sua auxiliar e decidem que ela fará uma cortina de retalhos com as crianças, explorando retalhos de tecidos que pediram às crianças.

[...] planeja trabalhar com argila a partir da conversa sobre o fundo do rio, quando as crianças começaram a perguntar sobre água doce e salgada. [...] quer levá-las ao ateliê de uma ceramista para que vejam peças de qualidade em processo de elaboração [...] apertam, jogam, batem na mesa para tirar bolhas de ar, passam a colher com água sobre o pedaço de argila para explorar o material. [...] do rio vai para os peixes e planeja explorar a alimentação [...] quer fazer uma exposição no fim do ano com os trabalhos das crianças.

[...] agendamos a exposição dos pais para finalização do projeto Arte e planejamos juntar, à montagem, a elaboração de um portfólio com todo o trabalho realizado, para dar visibilidade ao processo vivido com o grupo.

Professora B

[...] adaptação já terminada [...] tema para o ano: mar [...]. Pediu fotos das crianças sobre as férias por acreditar que apareçam muitas praias [...] mandamos fazer transparências das fotos para explorá-las em dimensão maior: no retroprojetor. [...] ainda não sabe se vai explorar as estações do ano, ou se vai começar a mandar o peixe de pelúcia da classe para as casas das crianças. [...] trabalho com o corpo em todas as atividades, principalmente depois do recreio, quando voltam mais agitados. [...] pergunta sobre a possibilidade de irmos ao aquário do Guarujá [...] combinamos de segunda-feira tirarmos as fraldas de duas crianças – vou falar com suas mães para agirmos juntas.

[...] combinou com as crianças que fariam um passeio de verdade, todos juntos [...] *não sabe para onde: sugeri o ateliê de uma ceramista por ter um espaço grande* [...] agendamos para 23/11 e será o encerramento do projeto, momento em que o grupo vai tirar uma foto coletiva.

[...] planejamos e agendamos a entrevista com os pais de Yasmin (criança com paralisia cerebral) para coleta de dados para atualização de informações sobre sua evolução: cada vez gosto mais de fazer as entrevistas com a professora junto, pois ela me ajuda a colher informações, tira as próprias dúvidas e filtra o que mais lhe será útil no dia a dia... bom caminho!

[...] continua com os animais preferidos, faz transparências com as lições de casa e pede para levar as crianças ao Pet Shop do bairro: qual o problema? Vamos agendar.

Professora C

[...] vai trabalhar família e identidade com as crianças a partir da confecção de um boneco [...] me contou que fizeram um painel, diferenciando casa de prédio e da cabana/oca indígena [...] sugeri que construísse uma cabana com as crianças.

[...] trabalha o tema mar a partir da história do Peixe Arco-Íris, que atualmente já é bem familiar para as crianças. [...] explora a água e fazem associações ao azul de uma gelatina que fizeram na sala e as percepções sensoriais: quente/frio, duro/mole. [...] vai fazer um mar com pano azul no ateliê e explorar as esponjas de banho e buchas do mar, documentando as descobertas das crianças. [...] trabalha a classificação matemática (espécie). [...] trabalha relaxamentos e comer o pão junto diariamente para aproximar o grupo neste final de adaptação – quer observar as preferências das crianças para escrever os portfólios.

[...] discutimos sobre o convite às mães para a finalização do projeto "Receitas de nossa classe" e entrega do livro.

[...] da minhoca do pescador, foi para a construção do minhocário, exploração da terra, ossos do esqueleto X minhoca... vai convidar um pai ortopedista para vir à escola mostrar um RX dos ossos para as crianças.

[...] preocupada com a frequência de quedas de Zuza e a demora para Vicente tirar a fralda: vamos agendar as duas entrevistas.

C. Observação de sala de aula: foco nas atividades e na participação das crianças

Professora A

> [...] trabalha a percepção de cores iguais com ursos de plástico, dá um urso colorido para cada criança, pergunta de que cor é, se é igual à de alguém [...] levam o urso para passear pela classe, possibilitando o movimento das crianças e a vivência corporal de várias posições [...] brincam com os ursos, fazem roda [...] pegou um cartaz para arrumarem os ursos em suas casas (cor) [...] fazem uma sequência com duas cores, brincando de pôr os ursos para dormir [...] todos participaram.
>
> [...] o grupo todo estava reunido, além da professora auxiliar. [...] dramatizaram um passeio de ônibus à praia, com maiô e todos os apetrechos que trouxeram como lição de casa: quantas contribuições! [...] descalços, vivenciaram a situação, brincaram muito. [...] observam uns aos outros e conversam sobre um dia na praia. [...] "quem quer pegar conchinhas?" sugere com um balde na mão [...] a brincadeira corre solta, alegre e todos estão descontraídos, algumas crianças brincam sozinhas, outras em duplas, todas brincam, inclusive as professoras [...] vou sugerir que mantenha o material que trouxeram na escola para repetir a atividade proposta, que tanto envolveu o grupo.

Professora B

> [...] faz um brincadeira com as crianças para a festa caipira e todos dançam animadamente; conta uma história com um livro, sentada de frente para as crianças,

no chão da sala; pergunta em cada página: "O que sumiu?", trabalhando a percepção visual das crianças.

[...] as crianças dramatizavam uma história sobre os indígenas no pátio, todas descalças, sendo que cada uma tirou o seu sapato, inclusive as professoras. [...] andam sobre o papel Kraft coberto com areia, para experimentarem a sensação. [...] as crianças se sentam sobre os panos-canoas e vão pescar. Os peixes estavam na piscina de plástico e elas ficam muito entretidas na brincadeira de pesca: o movimento serve para despertar o interesse das crianças!

Professora C

[...] na sala havia apenas nove crianças e a gaiola do coelho. [...] brincam de imitar bichos, cantam para eles, observam o coelho e dão cenoura para ele comer. [...] A professora aproveita para comparar o tamanho de duas cenouras, além de incentivar que as crianças as comparassem sensorialmente. [...] pega um livro de histórias sobre coelhos e conta para as crianças, fazendo uma série de perguntas para que prestassem atenção aos detalhes das gravuras. [...] experimentam salada de cenoura crua (fria) e cenoura cozida em rodelas (quente), chamando a atenção para as diferenças. [...] sugeri que deixasse as crianças se servirem, mesmo derrubando algumas no chão, por serem muito pequenas, mas vão aprendendo.

D. A vivência de dilemas/conflitos no cotidiano da escola

[...] hoje vivi minha primeira controvérsia com uma professora, o que foi muito complicado: a monitora-auxiliar para adaptação foi buscar de volta a babá dos gêmeos, que eu acabara de falar para ficar na secretaria [...] a babá ficou "vou, não vou", passamos a ideia de bagunça, de que cada uma fala uma coisa. [...] na hora que uma decisão é tomada, é impossível que seja desconsiderada em frente aos de fora, pois, certa ou errada, tem que ser mantida, pelo menos num primeiro momento. [...] vou conversar com ela, e com o grupo, para que isto não aconteça mais, e as decisões possam ser compartilhadas em benefício das crianças!

[...] hoje a mãe de Raul me disse estar preocupada porque ele não está estabelecendo vínculo com a professora e que ela acha que uma professora precisa dar mais colo para que este estreitamento das relações possa acontecer. Eu preciso conversar com a professora para entender sua atitude.

[...] estou muito preocupada com o recreio, por estar muito agitado e com poucas pessoas para olhá-lo. [...] vou levar a questão para a supervisão de Arte, para que a assessora e as professoras possam discuti-la: é preciso mudanças.

[...] muita confusão com algumas mães com a nova divisão de classes das crianças para este ano. [...] cada vez mais tenho a certeza de que as novidades/mudanças *têm que ser muito transparentes e bem definidas pela direção para a coordenação*, a fim de que se possa explicitá-las para o grupo [...] mudanças causam ansiedade, que paralisa. O sujeito precisa repensar e agir no tempo certo, discutindo cada vez os motivos junto à equipe envolvida. [...] sinto que um início confuso pode trazer um ano muito agitado; preciso planejar intervenções, pois a tranquilidade e bem-estar de adultos e crianças se mesclam. [...]

quanto à divisão: "tiro certeiro" e a decisão foge da esfera de atuação dos pais, pois é de competência pedagógica! Vamos prosseguir.

[...] cada vez me convenço mais de que a adaptação tem por base um tripé: criança, pais e professores; [...] a segurança da criança depende da de seus pais e de seus professores. [...] a professora se baseia no uso de Instrumentos Metodológicos, na disponibilidade para criar vínculos afetivos e cognitivos com cada criança em especial e na formação do grupo, através da construção da rotina e do planejamento das atividades/tarefas, adaptação em andamento.

[...] *é real a dificuldade de articular o que se faz com o que se diz* – discuti muito a questão com a assessora de Arte – e somente se modifica o que se alterou por desconstrução de matrizes (raízes) dos educadores e consequente reconstrução, ou seja, por ressignificação, o que leva tempo para elaboração.

E. Reunião de professores
Sobre a construção dos objetivos, transformados em eixo/norte do trabalho:

[...] como os professores devem criar suas propostas a partir dos objetivos, que devem ser amplos e adequados à faixa etária, como trazer à tona o que de fato sabem sobre eles? É preciso começar a fazer com o grupo a leitura do planejamento que consta no Projeto Político Pedagógico para ver qual sua atualidade e grau conhecimento por TODOS! Vou planejar um trabalho de releitura dos objetivos do planejamento do Maternal para discutirmos adequações, faltas, ampliações.

> [...] é preciso trabalhar a integração das áreas no nível de assessoria para que todos tenham uma linguagem em comum. [...] professores receberiam os objetivos que constam no planejamento institucional como direção e fariam a revisão e análise. [...] como fazer um projeto pedagógico real? Deve haver um fio condutor, ou não?
>
> [...] vou começar com as vivências das professoras: cada uma vai selecionar uma aula/proposta/atividade feita para contar às outras, pois a troca de experiências é um bom subsídio no processo de formação. [...] vou usar as reuniões semanais com relatos de experiências do grupo para que todas possam ser ouvidas.
>
> [...] todos os objetivos devem ser transformados em propostas cotidianas para que a aprendizagem das crianças possa ser significativa, inclusive situações problema da vida prática, como dobrar um tapete (recuperar a limpeza das mesas após o lanche) e abrir a lancheira. [...] o eixo do Maternal é instrumentalizar a criança para a vida prática, fortalecer sua autoestima, independência e sociabilidade.
>
> [...] na reunião dessa semana ficou definido, em comum acordo com as professoras, que o trabalho do Maternal será com projetos. A professora terá um tema preestabelecido por ela, ou com as crianças, de acordo com os interesses do grupo, a partir dos registros e observações feitos no cotidiano.

Sobre a escuta da criança:

> [...] *é preciso que o professor, ao planejar as atividades, tenha em mente que elas devem* proporcionar: 1) a ação/vivência/experiência da criança; 2) a flexibi-

lidade de seu pensamento; 3) a sua autonomia, para que ela aprenda, gradativamente, a governar-se por si mesma [...] caminho ideal para a faixa etária: percepções e corpo [...] vou aproveitar trabalhar com estas premissas na próxima reunião.

Sobre a avaliação das crianças em sintonia com os objetivos:

[...] fizemos a discussão do roteiro para a observação das crianças de acordo com os objetivos, com foco na autonomia e sociabilidade, conforme o que será narrado no portfólio final: "Como fica na escola? Despede-se com tranquilidade da mãe? Brinca com um colega? Abre a lancheira e come sozinha? Já é capaz de dar um recado?", sempre observando a criança como um todo no processo, suas conquistas e o que mais pode ser trabalhado, pensando em como ela era e como ela é. É preciso vê-la como alguém em desenvolvimento, tornando visíveis seus processos de aprendizagem.

Sobre o processo de adaptação/acolhimento das crianças à escola:

[...] para discutir a adaptação, vou usar um texto do livro de Gilda Rizzo *Educação pré-escolar*, uma cópia para cada uma: ler e discutir o texto; discutir casos que ainda estão em adaptação; ver o planejamento de adaptação: como está cada sala; pedir registros de adaptação das crianças e agendar a entrega para a semana que vem.

Sobre os projetos de trabalho:

[...] a pauta da reunião de estudos nesse mês é a teorização do trabalho com projetos, para que haja uma

> referência comum ao grupo de professores antigos e novos. [...] vou distribuir um texto que fiz e abrir para discussão para fazer um levantamento dos conhecimentos prévios, interesses, desafios.

Sobre a avaliação do processo de trabalho:

> [...] as reuniões têm sido bem mais proveitosas, mas preciso me deter nos aspectos pedagógicos, sem abrir muito para não se dispersarem em conversas paralelas [...] a pauta tem que ser o rumo da reunião, para que o foco não se perca! Vou ficar mais atenta. [...] todas me entregaram os cadernos de registro, que já fazem parte da rotina das professoras. [...] dei um bom respaldo para a auxiliar nova, que nunca teve assessoria.

Sobre troca de experiências:

> [...] apresentação dos projetos "Minha Foto" e "Casa e Família". Momento de socializar experiências e narrar aos colegas o projeto vivido. [...] é preciso fazer mais vezes, brilho nos olhos das apresentadoras!

AVANÇO PROFISSIONAL

A partir do projeto de intervenção da coordenação e com todo o trabalho realizado com os instrumentos metodológicos, pude constatar um salto qualitativo e um avanço profissional e pessoal nas professoras. Por se distanciar do foco desta investigação, cito apenas alguns deles:

A. Reunião de pais sobre os projetos do grupo, em uma parceria da coordenação com o professor responsável pelo encontro.

B. Elaboração dos álbuns com fotos e história do grupo, que se transformaram em portfólios/livros (de receitas, minha foto, Arte, Pingos, histórias especiais...) da turma com os proje-

tos, entregues para a coordenação e para as famílias no final de cada ano.
C. Participação em entrevistas com pais e com equipe multidisciplinar, que trata de crianças com dificuldades específicas, ampliando o âmbito de atuação dos professores.
D. Cursos de aperfeiçoamento teóricos e trabalho em espaços diversificados: algumas professoras sentiram o desejo de aperfeiçoarem seus estudos e começaram a participar dos grupos de estudo (opcionais) na própria escola, além de palestras e congressos;
- duas ingressaram em cursos universitários de especialização, sendo que uma delas já apresentou sua monografia de conclusão;
- duas começaram a cursar a Faculdade de Pedagogia, pois eram graduadas em outras áreas;
- uma começou a fazer trabalho voluntário semanal numa escola de uma favela (parceira de nossa escola) a fim de contribuir com suas práticas sobre Educação Infantil;
- uma se engajou num curso sobre projetos sociais com o intuito de divulgar sua especialização no trabalho corporal, experiência acumulada na sala de aula e numa creche comunitária de periferia. ∎

DIVULGAÇÃO DA PRODUÇÃO DOCENTE

Algumas professoras publicaram ou apresentaram seus trabalhos:
- Reportagens no jornal da escola: divulgação de experiências realizadas com projetos, inclusive com um encarte especial sobre a Educação Infantil, devido ao grande número de projetos.
- Congressos: apresentação dos projetos de trabalhos desenvolvidos com seus grupos, inclusive em um encontro na Faculdade de Educação da Universidade de São Paulo, na Semana da Pedagogia.
- Elaboração de portfólios que podem ser publicados sobre o trabalho em sala de aula com crianças de um a quatro anos. ∎

Entre olhares e pensares...

> *Ao registrar, não devemos conformar-*
> *-nos, mas ficarmos inquietos!*
>
> George Snyders

Puxando o fio da meada do pensamento reflexivo, que relações podemos estabelecer entre os registros e a documentação pedagógica que caracteriza o pensamento de Loris Malaguzzi, na abordagem de Reggio Emilia?

Há outras possibilidades de registro que traduzam a reflexão do professor-educador compromissado com aprendizagens significativas de seu grupo? Todo registro é uma documentação pedagógica? O que diferencia, ou não, esses instrumentos formativos dos professores? Qual a relação entre texto e imagem? O que é refletir no chão da escola? Para quê? Por quê? Para quem?

A seguir discutiremos esse tema.

DOCUMENTAÇÃO E REGISTRO
Reflexões da prática docente

Não tem vida quem não se explica!

Jerome Bruner

[...] só existe o que eu vejo.

Loris Malaguzzi

O verbo "documentar", no dicionário de Aurélio Buarque de Holanda, refere-se a "provar através de documentos [...], registrar (acontecimento, fato, episódio etc.) por meio de documentos, fundamentar, juntar documentos, registros". A documentação pedagógica é uma estratégia, um instrumento, uma ferramenta do educador para narrar, registrar, problematizar, argumentar, interpretar, refletir, comunicar e dar visibilidade a processos de aprendizagens. Processos vividos por seu grupo, por uma criança em especial, por ele mesmo no cotidiano da escola, pela comunidade. São observações, imagens, questionamentos, registros de situações, episódios gravados, filmados ou relatados, cenas e experiências que evidenciam percursos significativos, que podem vir a ser formativos e transformadores para os sujeitos da ação.

Ao documentar, o sujeito faz escolhas, que revelam concepções de educação e de mundo, em especial a imagem de criança que norteia suas ações, desvelando sua identidade como educador e as aprendizagens construídas no/com seu grupo de trabalho na escola. A documentação é construída ao longo do processo pedagógico; acompanha explorações, curiosidades e pesquisas das crianças e do(s) educador(es) na elaboração de novos conhecimentos e descobertas, sintetizadas em um produto do percurso naquele momento do processo.

As pesquisas que fazem no dia a dia, tanto o educador quanto a(s) criança(s), revelam indagações, desejos, dúvidas e hipóteses sobre o que querem conhecer no mundo ao seu redor. Essas investigações, validadas por um registro atento do educador, podem se transformar em projetações, que oportunizam sucessivas idas e vindas em torno do objeto em foco, nutrindo projetos em curso por meio da documentação pedagógica.

Ao fazer escolhas do que documentar, o educador torna visíveis as experiências significativas de uma criança, de uma dupla ou trio de crianças, ou do grupo, comunicando a todos os sentidos atribuídos a determinados objetos, episódios ou ações. Além disso, pode apontar a continuidade da experiência, nutrindo projetos a partir da documentação pedagógica exposta durante o processo de investigação e construir uma teoria sobre a pesquisa em foco.

Ao sintetizar e expor hipóteses, mesmo que passíveis de mudança, aprimoramento ou ampliação de pontos de vista, o professor elabora teorias provisórias sobre o conhecimento, exercitando seu olhar em diferentes modos de pensar sobre o objeto de investigação. Pensamento em ação, que lida com tentativas de respostas e erros como etapas importantes do processo de construção de novos conhecimentos. De acordo com as ideias de Piaget, o erro construtivo tem um papel fundamental na construção do conhecimento, oportunizando elaborações de esquemas de pensamento cada vez mais sofisticados, reflexivos e significativos para o sujeito cognoscente (PROENÇA, 2018, p. 34).

A documentação pedagógica é, também, uma ferramenta de estudo, de pesquisa, de investigação individual e coletiva de/para/com educadores no cotidiano das escolas e das instituições de formação inicial e continuada de professores. Ao socializar processos de aprendizagens, possibilita que outros participem, pois além de serem informados a respeito dos projetos, são convidados a participar do processo, construído a partir de múltiplos olhares. A comunicação e a participação são características determinantes e potentes da documentação eficaz: um convite a que todos façam parte dessa história, uma ciranda formativa! Dessa forma, educadores, crianças, suas famílias, a comunidade, estudantes e pesquisadores das infâncias fortalecem uma cultura de grupo que ensina e aprende, simultânea e coletivamente, com as crianças.

Algumas questões, sintetizadas nos eliciadores **O quê? Para quê? Por quê? Como? Para quem?** são determinantes para a construção da documentação pedagógica, a fim de compor, com clareza e coerência, o contexto, o percurso formativo da investigação e as aprendizagens conquistadas. Os eliciadores são essenciais para a compreensão da ação pedagógica intencional e a composição da documentação exposta, auxiliando o educador nas escolhas do que registrar (PROENÇA, 2019, p. 141):

> O quê?
> Para quê?
> Por quê?
> Como?
> Para quem?

- **O quê?** contempla conceitos, conteúdos investigados, hipóteses pesquisadas, teorias provisórias sobre conhecimentos que possam vir a ser apropriados, ou ressignificados;
- **Para quê?** refere-se à finalidade, aos objetivos da investigação;
- **Por quê?** é a justificativa da pesquisa, sua intenção, a força que move o pesquisador;
- **Como?** remete às estratégias e procedimentos usados pelas crianças e educadores; os possíveis caminhos para a investigação, os instrumentos escolhidos para registrar, de acordo com o objeto em foco.
- **Para quem?** destaca os destinatários da proposta: famílias, professores, crianças e para o próprio autor.

Ao responder a tais questões, o educador mapeia possibilidades de propostas, clareando a intenção da pesquisa – sempre aberta, flexível e sujeita a alterações – à medida que caminha, reflete com seus parceiros e constrói a documentação. Os eliciadores colaboram para a organização rigorosa da documentação pedagógica na comunicação e no compartilhamento de aprendizagens significativas para que elas possam, de fato, ser compreendidas por todos.

A documentação pedagógica pode partir da observação e do registro de uma situação inesperada, surpreendente no cotidiano, o "maravilhamento insuspeitado", como dizia Loris Malaguzzi. Ele forjou essa expressão em seus encontros cotidianos com educadores nas escolas de Reggio Emilia, pelas quais transitava com muito interesse e disponibilidade para se relacionar com adultos e crianças, a fim de acompanhar e problematizar o trabalho realizado sempre com muito rigor. Interesses, questionamentos, gestos e olhares de encantamento, de estranhamento, curiosidades da(s) criança(s), dúvidas em aberto: tudo pode se transformar em objeto de pesquisa projetual, quando se documenta intencionalmente o processo de construção de novos conhecimentos, de aprendizagens significativas para os sujeitos da ação. A documentação remete ao acompanhamento de processos ao mesmo tempo em que acontecem, e sintetiza momentos importantes de aprendizagens significativas.

Ao narrar o episódio, o educador parte de pistas, sinais, marcas, evidências, imagens, desenhos, comentários, observados e registrados durante a ação da(s) criança(s). Com esse material em mãos, mergulha na interpretação do que viu, sentiu, relacionou, como alguém que tem vínculos estreitos com a(s) criança(s), alguém capaz de dar visibilidade à experiência, historiando a narrativa do processo.

Ao documentar, ao mesmo tempo em que o processo de construção de conhecimento acontece, cria-se a memória viva do percurso, que se transforma em ponto de referência para a continuidade e aprofundamento da pesquisa de exploração inicial. Torna-se, também, material para possíveis retornos, relançamentos, novas reflexões; portanto, fonte de estudo e compreensão **DO QUÊ** e **COMO** o educador fez/faz/fará no seu cotidiano, e o que mais poderia fazer para ampliar a proposta inicial.

A partir de suas observações e registros, o educador cria contextos de investigação para a(s) criança(s), nutrindo as pesquisas em ação, relançando propostas e novos desafios para que experiências com sentido possam ser vividas e apropriadas pelas crianças: aquilo que as toca e as afeta em busca de compreender o mundo. Larrosa (2002) destaca o conceito de experiência como algo que afeta, que toca o sujeito, e que pode produzir sentido aos seus desejos de conhecimento. Desse modo, a documentação pedagógica traduz a experiência vivida e as aprendizagens realizadas pelo(s) sujeito(s) da ação.

Mara Davoli (2017) destaca que a documentação pedagógica é constituída de processos de observação e interpretação carregados de emoção, subjetividade, expectativas, declaração de hipóteses de crianças e adultos, e teorias de referência do educador responsável pela documentação. Ao iniciar um processo de documentação, o educador é movido por muitas, algumas ou por uma única e potente pergunta que deflagrou sua observação. Perguntas feitas por crianças ou por ele mesmo na relação intencional e afetiva que desenvolve com seu grupo, nas hipóteses que elabora a partir do que vê, escuta, percebe, sente, registra, reflete e imagina ser o vetor da pesquisa em curso.

Malaguzzi se referia a esse processo como abdução, pois o educador, ou os educadores em parceria, coleta(m) pistas para investigação de curiosidades, interesses, desejos e buscas das crianças, comparando seu papel ao de um detetive. Ele reúne dados, mapeia possibilidades e articula cenários para compreender o que a(s) criança(s), sujeito(s) da investigação quer(em) saber, os significados que, de fato, são essenciais para ela(s), revelando o insólito, a surpresa de sua(s) indagação(ões):

> A abdução supõe uma busca constante de significados insuspeitados que fazem ressignificar cada situação. Se propõe com base na observação e na sagacidade [...] descobrir conexões entre fatos para buscar uma hipótese que explicaria o conjunto de fatos observados. A abdução aceita, como método de investigação, o paradoxo, a dúvida, a diversidade de pontos de vista, a multidimensionalidade, a verificação, a correção e confrontação interpretativa.
> (MALAGUZZI apud HOYUELLOS, 2020, p. 211)

As boas perguntas movem as pesquisas do educador e da equipe de trabalho na instituição. Perguntas sem respostas previamente estabelecidas, que oportunizam a elaboração de hipóteses criativas, possibilidades de encaminhamentos e intervenções inovadoras, a partir de documentações construídas no processo de construção de conhecimentos significativos para todos, educadores, crianças e famílias. As boas perguntas geram novas questões, alimentando o processo de construção de novos conhecimentos, reflexão constante na ação cotidiana.

Os possíveis percursos formativos são mapeados em redes que contemplam a síntese de pontos de partida, intervenções, encaminhamentos e devolutivas ao longo do processo (PROENÇA, 2018, p. 110). Da mesma forma, descartes de previsões iniciais também são registrados, ao contemplar interesses emergentes no cotidiano e nas propostas realizadas. Os descartes sinalizam a avaliação/reflexão das escolhas do educador ao longo do percurso, com os ajustes de rota que sinalizam a projetação como uma construção feita passo a passo, a partir dos rumos que as propostas apontam.

É preciso fazer uma diferenciação entre os termos "programação" e "projetação", pois nenhuma proposta pedagógica é neutra, todas se baseiam em concepções de criança e de educação. A abordagem de Reggio Emilia, em que este livro se fundamenta, tem Loris Malaguzzi como seu pedagogo, filósofo, organizador e expoente central. A imagem de criança que a embasa é a de um sujeito potente, forte para se comunicar, expressar-se em cem linguagens e relacionar-se com o mundo. A abordagem destaca a importância da abertura para ações, comentários, perguntas, desenhos, confrontos, curiosidades da(s) criança(s) e educadores que emergem no cotidiano, distanciando-se de atividades sequenciais estabelecidas em programações elaboradas, muitas vezes, por pessoas que não fazem parte do grupo, alheias às reais vivências das crianças com seus educadores.

A documentação pedagógica é elemento fundamental para a elaboração das projetações, pois dá visibilidade aos processos de construção de conhecimentos relevantes e expressivos para o grupo. Ao estabelecer uma relação de reciprocidade entre observação, interpretação e registro de vivências cotidianas, o educador reflete e faz escolhas do que, de fato, fez sentido e pode ser uma experiência significativa. Segundo Larrosa (2002), a experiência é algo que move o sujeito, o mobiliza, o atravessa, o afeta. Algo que tem sentido: novos conhecimentos que a criança, ou o educador no seu desenvolvimento pessoal e profissional, constrói com seu corpo, suas percepções, seus desejos e curiosidades por objetos e pessoas ao seu redor, ao confrontar-se com dilemas e desafios que intrigam.

Registrar para documentar pode ser feito de inúmeras maneiras, conforme o que se quer investigar: por escrito, com fotografias, filmagens; reflexões sobre as informações coletadas, dados levantados para estabelecer conexões; buscar referências em teóricos; entrar em relação com os demais educadores; interpretar para compreender o que está nas entrelinhas do episódio observado, da pergunta feita, do desenho coletado, das materialidades exploradas.

Ao se distanciar da situação, novos desdobramentos, possibilidades e apropriações podem se configurar, ampliando aprendizagens e novos conhecimentos. A escolha dos materiais para a construção da documentação requer a clareza do foco de visibilidade, que mostre a etapa do processo de aprendizagem conquistado. Essa escolha pode ser feita, preferencialmente, em parceria: seja no grupo de educadores, seja com as crianças, que se envolvem na reconstituição do que viveram ao reverem suas produções e fotos/vídeos das propostas, implicando-se na produção do que as tocaram, marcas de experiências.

Nessa perspectiva, a documentação desvela o que de fato é ou foi objeto de investigação, revelando desejos nem sempre aparentes e perceptíveis em um olhar inicial. O tempo de uma pesquisa muitas vezes pode surpreender, por não corresponder a um cronograma previamente estabelecido, como nas programações compostas de sequências didáticas prontas: é um tempo de emoções, superação de desafios, imersão em vivências intensas, explorações.

Malaguzzi, em suas conversas com educadores em Reggio Emilia, as associava à metáfora de descascar uma cebola, pelas várias camadas a serem removidas para chegar à sua essência. Esse pensamento se refere, também, à concepção de criança potente que tem muito a contar, desde que lhe seja dado tempo e espaço para viver suas pesquisas e elaborar hipóteses sobre o mundo, numa tentativa intensa para compreendê-lo. E que o educador esteja disponível a entrar nessa relação, de forma cada vez mais curiosa, encantada, interessada, aberto ao que virá, alegre e disponível para compartilhar suas descobertas, estar junto com elas, fazer com elas.

A documentação pedagógica é, também, um potente instrumento de comunicação, que sintetiza escolhas, concepções e processos de pesquisas de crianças e adultos. Torna visíveis aprendizagens, informa por meio do produto: painéis, folders, vídeos, murais, portfólios, exposições, entre outros recursos. Esse instrumento tem educadores, crianças e suas famílias, e a comunidade, como destinatários.

Revela desafios e percursos de aprendizagens para gerar novas discussões e possibilidades ao materializar, ética e esteticamente, a experiência narrada, um convite à participação de todos, configurando os princípios éticos, estéticos e políticos organizadores da abordagem de Reggio Emilia e Loris Malaguzzi, que também estão presentes na BNCC (BRASIL, 2018). Para Malaguzzi (2001), a documentação é uma estratégia ética, que serve para dar visibilidade ao protagonismo de crianças e adultos em relação, no cotidiano das escolas:

> [...] é uma memória viva e visível do processo compartilhado com as crianças, uma interessante oportunidade para revisar as práticas pedagógicas já realizadas, limites e possibilidades de interpretação. (MALAGUZZI, 2001, p. 53)

Observar o cotidiano com olhos de primeira vez era uma provocação constante nas palavras de Malaguzzi em suas visitas diárias aos Nidos (escolas que recebem crianças de zero a três anos) e às Escolas da Infância (crianças de quatro a seis anos) em Reggio Emilia. Encantamento, surpresa, curiosidade para documentar a vida cotidiana das escolas; "aguçar os olhos para capturar os momentos", segundo Davoli (2017, p. 99), são marcas fundamentais desse instrumento de trabalho do educador compromissado com a aprendizagem significativa de seu grupo e dele mesmo, enquanto profissional da Educação.

Ao documentar uma experiência, há diversas possibilidades de compartilhá-la:

- um fichário aberto e exposto na entrada da escola, ou da sala de referência do grupo;
- as paredes da escola – vistas por Malaguzzi como segunda pele, tal a extensão de seu alcance –, que sustentam murais, folders, vídeos projetados;
- as publicações que narram a projetação;
- uma coleção de cartões com as narrativas;
- os portfólios (PROENÇA, 2018, p. 86), entre outros meios.

A documentação pedagógica requer disponibilidade e abertura do educador para se expor e tornar visíveis processos de aprendizagens. Amélia Gambetti refere-se a essa postura de pesquisa e trabalho docente, que não tem receita, mas exercícios constantes de fazer para compreender, e avançar, como algo que:

> não se diz ao outro o que fazer, mas conta-se a experiência; não se aplica uma filosofia, mas criam-se diálogos; ajuda-se a ver a coisa por outro foco, ampliam-se pensamentos, mostra-se o que a criança pode fazer em colaboração com outros, como se pode alimentar a sua curiosidade. O desafio é fazer o máximo para a criança perceber que pode pensar e apropriar-se da resolução de seus problemas: aprender a viver a vida! (GAMBETTI, 2010)

A documentação se caracteriza como um espaço formativo de educadores, pois as trocas no grupo são essenciais: confrontos; questionamentos dos demais; socializações de ideias; estranhamentos diante da não compreensão do que se comunica; desdobramentos de possibilidades de projetos em ação. Atende, também, à formação de novos integrantes da equipe, pois eles têm a oportunidade de se apropriar do trabalho da escola, além de estudantes universitários em processo de formação.

Pode ser, também, um instrumento potente para autoformação dos educadores, pois consolida um processo pedagógico em constante evolução: deslocamentos reflexivos e a busca de compreensão de sentido do que se faz, por quê e para quê, a fim de gerar, cada vez mais, aprendizagens significativas para todos, em especial para o sujeito da ação.

É uma estratégia que articula o fazer ao compreender, que possibilita uma nova ação, cada vez mais qualificada e intencional, a práxis a que se referia Paulo Freire (1996). A documentação auxilia a construção de uma maneira singular e autoral de pensar e de agir, de aprender a aprender com a própria prática pedagógica e com as relações estabelecidas entre os sujeitos da ação. Fortalece vínculos de pesquisa entre educadores e a cultura de grupo colaborativo, no qual todos aprendem e ensinam simultaneamente. Como nas palavras de Carla Rinaldi,

> garantir escutar e ser escutado é uma das funções mais primordiais da documentação, produzir traços/ documentos que testemunhem e tornem visíveis os modos de aprendizado individuais e do grupo, assim como a segurança de que o grupo, e cada um individualmente, tem a possibilidade de observar a si mesmos de um ponto de vista externo enquanto estão aprendendo, tanto durante, quanto após o processo. (RINALDI, 2012, p. 129)

Alguns elementos essenciais à documentação pedagógica devem ser conceituados a fim de compor o olhar que trago neste livro, estabelecendo relações entre a abordagem de Reggio Emilia e o trabalho realizado em algumas escolas brasileiras, além dos grupos de estudo que coordeno. A conceituação oportuniza o fortalecimento de uma cultura de grupo que compartilhe interesses e significados em comum.

A síntese se dará por meio dos verbos de ação que são fundantes da postura do educador, que narra, intencionalmente, suas práticas cotidianas, tanto por meio de registros reflexivos quanto de documentações pedagógicas ou das redes formativas/mapas conceituais (PROENÇA, 2018, p. 110). É importante destacar que as documentações são feitas a partir de registros detalhados, que contemplam situações, momentos de aprendizagens significativas, de uma criança, de um grupo ou do educador. A escolha dos doze conjuntos de verbos se deu por potencializarem a construção da postura do educador reflexivo, que tem clareza da intenção de suas propostas cotidianas:

1. Observar / Escutar / Capturar
2. Protagonizar / Potencializar
3. Escolher / Recortar / Descartar
4. Narrar / Historiar(-se) / Contextualizar
5. Interpretar / Construir hipóteses / Vivenciar / Experenciar
6. Vincular / Se pôr em jogo / Afetar(-se) / Encantar(-se)
7. Comunicar / Ter e Dar visibilidade
8. Problematizar / Confrontar
9. Conectar / Articular / Relacionar
10. Produzir: processo X produto/ Interagir
11. Valorar / Dar continuidade / (RE)Significar
12. Aprender / Ensinar: evocar / provocar / convocar a desafios e à produção de sentidos cada vez mais elaborados.

Concluindo, a documentação pedagógica é uma estratégia, um instrumento que permite ao educador acompanhar/declarar suas aprendizagens pessoais, do seu grupo, de uma ou algumas crianças; refletir sobre seu fazer enquanto professor; narrar o cotidiano, as descobertas e transformações. Além disso, as crianças, suas famílias e a comunidade podem ver seus próprios processos de aprendizagens, ao revisitar desenhos, pinturas, esculturas e demais investigações vividas na escola, acompanhando os processos de construção de conhecimentos.

Toda documentação pedagógica é construída a partir de registros da jornada cotidiana nas instituições, mas nem todos os registros são documentações, pois ela requer a reflexão do(s) educador(es) sobre aprendizagens construídas e seus processos de investigação cotidianos. Há um leque enorme de possibilidades de transformar objetos, situações e questionamentos em pesquisas, desde que a clareza da intenção seja explicitada com a ética e a estética que acompanham a beleza da conquista realizada.

Ao compor a documentação, o educador dá visibilidade aos processos de aprendizagens significativas das crianças, indo além de um registro descritivo, mostra sua interpretação reflexiva sobre o episódio em questão. É uma oportunidade de declarar o processo da criança e/ou de um grupo, suas maneiras diversas de se apropriar de objetos para conhecer o mundo e superar desafios. Como nas palavras de Malaguzzi, a criança tem cem linguagens para se expressar e se comunicar, desde que tenha um adulto disponível para entrar em relação com ela, fortalecer vínculos afetivos, se encantar com suas buscas, criar contextos de investigação para suas explorações e dar visibilidade às suas conquistas e descobertas.

CONSIDERAÇÕES FINAIS

Entre o REAL e o IDEAL, o POSSÍVEL.

Maria Alice Proença

Chegando ao final da jornada deste livro, é possível chegar a algumas conclusões, ficando outras hipóteses em aberto para futuras investigações... O registro reflexivo e a documentação pedagógica são potentes instrumentos/ferramentas para a formação pessoal e profissional dos educadores em serviço, oportunizando espaços reflexivos na cultura de um grupo que ensina e aprende no chão das escolas onde atuam diariamente.

Em relação ao registro reflexivo, tenho a certeza de seu caráter documental, que marca as decisões do educador em cada fase do processo de ensino-aprendizagem, auxiliando-o na tomada de decisões quanto a intervenções e atitudes a serem tomadas junto ao grupo. Mas sua importância como documento não pode ser reduzida, apenas, à dimensão memoriável, pois abrange perspectivas de reflexão e de identidade, como espelho da alma de seu autor, como algo vivo, dinâmico, em constante mutação. Somente a partir da recuperação e conscientização do vivido, da apropriação e elaboração de questões referentes a: Quem sou? Como sou? O que faço? Como faço? Para quê? O que me move? Há a possibilidade de transformação, de deslocamentos em direção a novas aprendizagens no exercício qualificado da docência.

O movimento de ir e vir ao próprio texto, tanto no registro reflexivo quanto na documentação pedagógica, torna essas ferramentas poderosas fontes de consulta e de autorreferência, de teorização da própria prática, um instrumento de autoria e ampliação de pontos de vista em duas dimensões complementares: da singularidade do sujeito, do único, para a pluralidade do grupo, condição básica para a percepção do outro, do coletivo, do genérico em confronto consigo mesmo.

Além disso, é meio de comunicação, integração e melhoria na qualidade do ensino, do fortalecimento do vínculo professor-coordenador, que se unem em busca de solução de conflitos, da competência e da aprendizagem de todos os envolvidos no processo, pois educar é significar e (trans-)formar.

Esta parceria frutifica à medida que há respaldo na atitude do outro, que estimula, autoriza e valida, ou questiona práticas e valores narrados nos textos. O movimento de registrar/documentar é um dos caminhos para mudanças reais: concretiza intenções e diretrizes da filosofia construtivista em ações responsáveis pela evolução social e institucional, uma vez que é produzido pelos docentes, revelando suas formas de ser, fazer e pensar a educação.

Significar, por meio de registros escritos, o fazer cotidiano e o saber construído ao longo da trajetória pessoal e profissional, possibilita a assunção da identidade docente: sou professor, me fiz professor, em um contexto determinado, fruto de opções assumidas, com intenções explícitas, movido por crenças, concepções e valores, com o predomínio de determinados sentimentos, desejos e paixões, sentimentos, desejos, paixões e, por que não, utopias.

"Felizmente ainda há muita esperança", como diz Mario Sergio Cortella (2001), mas "não se pode confundir esperança do verbo esperançar com esperança do verbo esperar", como insistia Paulo Freire. Por isso, resignar-se com a realidade é, de certa forma, "concordar involuntariamente ou até ser cúmplice passivo".

O registro reflexivo em suas várias possibilidades representa um compromisso do educador, assumido com envolvimento, com a razão e o coração, consigo mesmo e com o outro: crianças de seus grupos, demais professores com os quais convive, coordenação e instituição. Revela seu papel político, ético e social enquanto cidadão e agente de mudanças, formador atuante na comunidade na qual está inserido, com uma missão educativa: de **aprender a aprender e a ensinar.**

Desafia-se a construir significados transformadores para a própria vida e para a de seu grupo, ao criar possibilidades diferenciadas de conhecimentos e de linguagens e de **educar a si mesmo e ao outro,** ao oportunizar esta construção de sentidos da/na realidade, pois todo conhecimento construído deve voltar-se à prática do educador, ressignificando e ampliando suas matrizes pedagógicas.

Ao tornar visíveis os processos de aprendizagem, as conquistas realizadas e as possibilidades de continuidade dos projetos vividos no cotidiano por meio da documentação pedagógica, o professor comunica sua interpretação reflexiva sobre os episódios vividos, abrindo espaço para a participação de todos, das crianças em especial, e de suas famílias. A documentação pedagógica se mostra um instrumento essencial à prática democrática compartilhada, que fortalece a cultura do coletivo, ao explicitar processos de aprendizagem.

Registrar de modo reflexivo a prática pedagógica e documentar processos de aprendizagem constituem uma declaração pública, explícita de intenções, do modo como o professor concretizou suas propostas junto a seu grupo e o momento em que se encontram na construção de novos conhecimentos; portanto, são instrumentos de ações, intervenções e reflexões junto ao grupo. Revelam a postura de quem planeja, observa, sonha, deseja, lida com conflitos, reflete sobre o que vê, tem esperanças da continuidade do projeto e quer, de fato, que seus objetivos sejam atingidos.

O registro reflexivo e a documentação pedagógica são ferramentas potentes para o professor se apropriar de interesses, faltas e conquistas de seu grupo, para que os projetos de trabalho possam caminhar de acordo com desejos e necessidades emergentes no dia a dia da escola. Propiciam o desenvolvimento de uma cultura que valoriza a memória, a reflexão e a socialização de histórias individuais e de grupos em seus processos de aprendizagens – material de importância ímpar na formação de educadores em serviço. Tal e qual Tecelina, o fio condutor é tecido com a própria história, constituído e constituinte do sujeito, criador e criatura do processo e do produto, cuja relevância é ser vivida na totalidade e com toda a intensidade da sua subjetividade,

comPARtrilhando fazeres e saberes da docência, fortalecendo a cultura de grupo.

Como contém marcas de identidade de sujeitos, educadores e crianças, não há possibilidade de se prescrever um roteiro para sua elaboração, pois cada sujeito é único, cada um tem seu estilo singular, experiências subjetivas diferenciadas e é autor-protagonista da própria história, vivida com um grupo particular.

Há um propósito na associação das intenções individuais e grupais à situação institucional declarada no projeto pedagógico, que deve ser visto como o fio condutor e o eixo referencial do processo educacional. Registrar e documentar revelam escolhas dos educadores, suas concepções de criança, de escola, de mundo, desvelando fazeres e saberes das práticas cotidianas.

É possível observar que há convergências e pontos em comum a que chegam os professores em construção permanente, em suas trajetórias pessoais, como nos diz Maria da Glória Pimentel (1994). A reflexão é um exercício dinâmico de liberdade e de escolha de caminhos, pois é no movimento que se constrói o próprio modo de avançar, o percurso formativo de cada sujeito da ação pedagógica, possibilidades que articula entre o ideal e o real de cada um.

As narrativas registradas e documentadas implicam as colocações de seu autor, a maneira como ele tece fragmentos de memórias, que espelham sua atuação, referendada por seus parceiros e pela cultura a que pertença. O jeito como o professor administra sua construção como pessoa, afirmam Pimentel (1994) e Nóvoa (1995), tal e qual se constrói profissionalmente: envolve ação e posicionamento pessoal como sujeito que se autoconstrói, busca permanentemente meios para construir conhecimento, com base na significação do seu engajamento com experiências vividas.

O registro reflexivo, em especial, possibilita que o professor vivencie, continuamente, a contradição entre o que sabe, o que pensa saber, o que não sabe, e o que gostaria de saber. As opções que faz, a forma como as faz, as tomadas de decisão, o planejamento da ação e a avaliação fazem parte do "processo de ensinagem", nas palavras de Alicia Fernández (2001a). As decisões se originam nas percepções do professor, autoridade responsável pelo grupo, e são carregadas de subjetividade, impulsionando a atuação do sujeito. A ação implica criatividade das relações e intervenções do educador nas propostas cotidianas, na maneira como o sujeito é autor de sua história.

Os registros e as documentações formam uma sequência infindável de possibilidades de reflexões, decisões, ações e avaliações, fundamentais à ação competente do professor. Caracterizam-se essencialmente como um espaço de autoformação de educadores no exercício da profissão docente. Destacam-se, também, pela possibilidade de articulação entre teoria e prática, saberes e fazeres, aspectos indissociáveis na formação do educador consciente. Isso ocorre a partir das memórias do professor-autor, protagonista de seu percurso na profissão docente, em permanente estado de produção de sentidos como autorreferência e no diálogo que articula com seus sócios parceiros: demais professores, coordenadores e teóricos que ecoam seus saberes.

As memórias das narrativas escritas, fotografadas, filmadas e gravadas permitem a conscientização da própria história e a assunção do sujeito enquanto autor e protagonista dos percursos trilhados na construção da profissão docente. No caso do registro reflexivo, o educador pensa para escrever, usando sua história como conteúdo a ser significado, e escreve para deixá-la registrada e socializá-la. Desencadeia uma reflexão mais aprofundada, num patamar distanciado do momento em que foram escritas.

Na busca de aprimoramento, há necessidade constante de questionamento crítico, conforme as ideias de Paulo Freire (1996), sobre a própria atuação, o que é possível fazer de outro jeito. O registro reflexivo é uma forma concreta de o educador apropriar-se do seu cotidiano, refletir e assumir posicionamentos conscientes ao ressignificar e (trans-)formar a própria prática pedagógica, em permanente movimento de formação e construção de conhecimentos, saberes e fazeres, atribuindo-lhes novos sentidos.

O registro e a documentação pedagógica são valiosos, potentes e eficazes instrumentos, estratégias, ferramentas de formação contínua dos educadores em serviço. Requerem disponibilidade dos sujeitos para rever, aprofundar, valorar o que fazem e produzem. Abrem espaço para o questionamento e a crítica do próprio fazer, num processo que se constrói no grupo, mediado pela atuação de um coordenador pedagógico que igualmente assuma uma postura de investigação da própria prática. Educa-se e aprende-se no cotidiano com as crianças, com as famílias, com os outros parceiros de trabalho, no lócus de trabalho, a partir da cultura singular deste espaço: o chão da escola.

Registrar e documentar a prática pedagógica é como se ver em um espelho que ilumina possíveis caminhos na travessia entre os sonhos desejados e os possíveis. Ilumina a inteireza ética da identidade docente e o comprometimento com a realidade à qual o educador sente-se pertencente e autorizado a atuar, validando a opção amorosa realizada: "quando se admira um mestre, o coração dá ordens à inteligência para aprender as coisas que o mestre sabe", como afirma Rubem Alves (2002). Ser professor é construir situações de aprendizagem por meio de questionamentos, intervenções, conflitos desafiadores e reflexões sobre a própria prática, para atribuir-lhe sentidos que possam provocar transformações no seu ser, saber, fazer e conviver pedagógicos, na construção da identidade pessoal e profissional de educador da infância.

Neste processo, cabe à coordenação o papel de estar junto para ir em frente, avançar, acompanhando todos os passos, ora como protagonista que assume a cena principal ao intervir junto ao professor como modelo inicial, na problematização do cotidiano e na busca de solução para conflitos; ora como coadjuvante, que já percebe e valida a autonomia do professor, capaz de reger os próprios passos.

Coordenar é estar presente, ter capacidade e disponibilidade para fortalecer vínculos e conhecer o outro em toda a sua inteireza, como pessoa e como profissional. É vital a ocorrência de contatos formais, como as entrevistas individuais, as reuniões de grupo, as observações de sala de aula; mas também os informais, como compartilhar a hora do pátio, o café na sala dos professores, o encontro pelos corredores – cada qual em seu espaço, lugar, função, papel no mundo.

A formação em serviço deve desenvolver em coordenadores, professores e, consequentemente, nas crianças: a curiosidade pela pesquisa; o gosto pelo diálogo; a tolerância com o tempo de aprendizagem de cada um; a capacidade de escuta; a sistematização de conhecimentos para resolver problemas da/na realidade; o encantamento com pequenos detalhes, minúcias do dia a dia; a beleza do perguntar-se sobre tudo e todos, mostrando um interesse genuíno e respeitoso por diferentes pontos de vista.

O trabalho com projetos interdisciplinares foi a opção metodológica assumida a partir da abordagem de Reggio Emilia, sempre baseado na autonomia do professor, que assume uma postura interdisciplinar, pois a realidade é incompreensível sob uma única ótica, sempre em conexões e diálogos entre sujeitos e áreas do conhecimento. Atitude que requer abertura para múltiplas linguagens; disponibilidade diante do novo; rompimento de fronteiras disciplinares e do tempo cronológico; humildade para aprender com o outro; escuta atenta das crianças, dos próprios sentimentos e percepções; diálogos; criação de **PAR**cerias.

Para finalizar, destaco a urgência do investimento permanente na formação contínua em serviço do professor, figura central do processo educativo, pois somente há comprometimento e crescimento profissional se o sujeito se sentir acompanhado e envolvido como parte integrante, pertencente, autorizado e respaldado a atuar. É vital que o processo formativo seja desenvolvido no grupo, gerando com parcerias que se fortaleçam no cotidiano, um grupo capaz de referendar-se entre parceiros.

Na gestão democrática e participativa da escola, cabe à coordenação e à direção a responsabilidade de intervir nas necessidades, desejos e conflitos, além de validar as conquistas e a atuação autônoma, num processo que transita da heteronomia para o autogoverno da equipe. É preciso teorizar e respaldar teoricamente os fazeres pedagógicos, por meio de tarefas intencionalmente propostas pela coordenação pedagógica, a fim de provocar e desafiar os professores em busca de clarear seus desejos e respostas para os problemas compartilhados.

A escola, enquanto instituição, deve ser um espaço de encontros e de pesquisas, que busca viabilizar possibilidades de ação das crianças, dos educadores – professores e coordenadores/diretores – em todos os sentidos, do motor ao cognitivo, pois a aprendizagem emerge de sucessivos movimentos de construção, desconstrução e reconstrução do objeto cultural de conhecimento e investigação, mediada pelo outro ou pelo grupo, gerenciando emoções, conflitos e frustrações.

Deixo em aberto o espaço para que outros pesquisadores, coordenadores e professores teçam novas histórias a partir de suas vivências e experiências profissionais e de vida, ao refletirem, problematizarem e socializarem suas conquistas, construções, problemas, conflitos, incômodos e desafios, sempre tendo em mente as aprendizagens das crianças. Afinal, para que uma criança vai à escola? Qual a função do educador e do coordenador? O que move cada um de nós?

É com emoção e alegria que chego a este ponto, não final, mas de muitas reticências, em busca de novos olhares para os relatos, novas questões, episódios problematizados, pensamento em constante ebulição... Um currículo vivo de possibilidades de formação de educadores em ação, que se repensa o tempo todo em busca de novas janelas de oportunidade, pois os deslocamentos são a força motora dos sujeitos aprendizes: entre o real e o ideal, o possível é construído coletivamente...EcoAR... **EsperançAR**, sempre!

O livro narrou uma pesquisa construída no exercício da profissão docente, alicerçada na minha história de professora e coordenadora e nas múltiplas vozes dos professores de Educação Infantil, que compartilharam o amor pela docência, por crianças, por estudos teóricos que respaldassem suas práticas, pela pesquisa investigativa do cotidiano, além de seus preciosos tesouros: as tessituras da memória de suas histórias, vivências e experiências como atores e autores de seus percursos (auto)formativos e (trans)formadores. Esse foi o possível... Com certeza, as crianças agradecem!

Ao REGISTRAR, não devemos conformar-nos, mas ficarmos inquietos.

George Snyders

Referências bibliográficas

ABRANTES, Paulo. *O trabalho de projeto e a relação dos alunos com a matemática*. Tese (Doutorado). Portugal, 1994. Departamento de Educação da Faculdade de Ciências da Universidade de Lisboa.

ALARCÃO, Isabel. *Formação reflexiva de professores*: estratégias de supervisão 1. Porto: Editora Porto, 1996.

ALMEIDA, Laurinda Ramalho de; MAHONEY, Abigail Alvarenga. *Henri Wallon*: psicologia e educação. São Paulo: Loyola, 2000.

ALVES, Rubem. Aprendo porque amo. Sinapse, *Folha de S.Paulo*, 26 nov. 2002.

ANDRÉ, Marli Eliza D. *Etnografia da prática escolar*. Campinas: Papirus, 1995.

_____. *Pedagogia das diferenças na sala de aula*. Campinas: Papirus, 1999.

BARBOSA, Maria Carmen; MELLO, Suely Amaral; GOULART, Ana Lucia. *Documentação pedagógica*. Teoria e prática. São Carlos: Pedro & João Editores, 2017.

BECKER, Fernando. *Epistemologia do professor*: o cotidiano da escola. Petrópolis: Vozes, 1995.

BOSI, Ecléa. *Memória e sociedade:* lembrança de velhos. São Paulo: Companhia das Letras, 1998.

BOURDIEU, Pierre. *Escritos de educação*. São Paulo: Vozes, 1998.

BRASIL. *Referencial Curricular Nacional para a Educação Infantil*. Brasília: MEC/SEF, 1998.

_____. *Base Nacional Comum Curricular*. Brasília: MEC, 2018.

BRUNER, Jerome. *Atos de significação*. Porto Alegre: Artmed,1997.

BUENO, Silveira. *Grande dicionário etimológico prosódico da língua portuguesa*. São Paulo: Editora Saraiva, 1967.

CAMARGO, Maria de Fátima Arruda. *A formação contínua e a prática do educador*: a (re)criação dos paradigmas produzidos no processo de aprendizagem em grupo. Dissertação (Mestrado). São Paulo, 2002. Faculdade de Educação da Universidade de São Paulo.

CANÁRIO, Rui. *Formação e situações de trabalho.* Portugal: Editora Porto, 1997.

CANETTI, Elias. *A língua absolvida.* São Paulo: Companhia das Letras, 1988.

CARNEIRO, João Emanuel; BERNSTEIN, Marcos. *Central do Brasil.* Rio de Janeiro: Objetiva, 1998. (História original de Walter Salles).

CAUMO, Teodosio. O que os novos tempos exigem do professor no ensino universitário. *Revista Educação,* Porto Alegre, nº 32, pp. 97-116, 1997.

CHARLOT, Bernard. *Da relação com o saber.* Porto Alegre: Artmed, 1999.

COLL, César; BERNABÉ, Juan Ignacio Pozzo; VALLS, Enric. *Os conteúdos na reforma*: ensino e aprendizagem de conceitos, procedimentos e atitudes. Porto Alegre: Artes Médicas, 1992.

CORTELLA, Mario Sergio. A resignação como cumplicidade. Suplemento Equilíbrio, *Folha de S.Paulo,* 8 nov. 2001.

_____. Salutar nostalgia. Suplemento Equilíbrio, *Folha de S.Paulo,* 14 fev. 2002.

CRITELLI, Dulce. Pensar a vida, saltar o abismo. Suplemento Equilíbrio, *Folha de S.Paulo,* 10 out. 2002.

CRÓ, Maria de Lourdes. *Formação inicial e contínua de educadores-professores.* Estratégias de intervenção. Portugal: Porto Editora, s.d. (Coleção CIDINE, nº 5 – Orientação: José Tavares e Isabel Alarcão).

DANTAS, Heloísa. *A infância da razão*: uma introdução à psicologia da inteligência de Henri Wallon. São Paulo: Manole, 1990.

DARSIE, Marta Maria Pontin. *A reflexão distanciada na construção dos conhecimentos profissionais do professor em curso de formação inicial.* Tese (Doutorado). São Paulo, 1998. Faculdade de Educação da Universidade de São Paulo.

DAVOLI, Mara. Documentar Processos, recolher sinais (pp. 27-42). In: AMARAL, Suely; BARBOSA, Maria Carmen; FARIA, Ana Lucia. *Documentação Pedagógica.* Teoria e prática. São Carlos: Pedro & João, 2017.

DELORS, Jacques. *Educação*: um tesouro a descobrir. Relatório para a UNESCO, Comissão Internacional sobre Educação para o século XXI. São Paulo: Cortez Editora; Brasília, DF: MEC/ UNESCO, 1999.

DELVAL, Juan. *Aprender a aprender*. Campinas: Papirus, 1997.

DEWEY, John. *Freedom and Culture*. Nova York: Prometheus Books, 1989.

DOMINICE, Pierre. "L'histoire de vie comme processus de formation". Paris, s.d. (Mimeografado).

EDWARDS, Carolyn; GANDINI, Lella; FORMAN, George. *As cem linguagens da criança*. Porto Alegre: Artmed, 1999.

FARIA, Ana Lucia Goulart; BARBOSA, Maria Carmen; MELLO, Suely Amaral. *Documentação Pedagógica*. Teoria e prática. São Carlos: Pedro & João Editores, 2017.

FAZENDA, Ivani Catarina Arantes. A questão da interdisciplinaridade no ensino. *Revista Educação & Sociedade*, nº 27. São Paulo: Cortez, 1987.

_____. Integração e interdisciplinaridade no ensino brasileiro. *Revista Educacional*. São Paulo: Edições Loyola, 1993.

_____ (org.). *Metodologia da pesquisa educacional*. São Paulo: Ática, 1991.

_____. *A pesquisa em educação e as transformações do conhecimento*. Campinas: Papirus, 1995.

FERNÁNDEZ, Alicia. *O saber em jogo*. A psicopedagogia propiciando autorias de pensamento. Porto Alegre: Artmed, 2001a.

_____. *Os idiomas do aprendente*. Porto Alegre: Artmed, 2001b.

FERREIRA, Aurélio Buarque de Holanda. *Novo dicionário da língua portuguesa*. Rio de Janeiro: Nova Fronteira, 1986.

FREIRE, Madalena. *A paixão para conhecer o mundo*. São Paulo: Paz e Terra, 1983.

_____ et al. *Rotina. Construção do tempo na relação pedagógica*. São Paulo: Espaço Pedagógico, 1992. (Série Cadernos de Reflexão).

_____. *Grupo. Indivíduo, saber e parceria*: malhas do conhecimento. São Paulo: Espaço Pedagógico, novembro de 1993. (Série Cadernos de Reflexão).

_____. *Observação. Registro. Reflexão*. Instrumentos Metodológicos I. São Paulo: Espaço Pedagógico, maio de 1997. (Série Seminários).

_____. *Avaliação e planejamento*. A prática educativa em questão. Instrumentos Metodológicos II. São Paulo: Espaço Pedagógico, junho de 1997. (Série Seminários).

_____. *Anotações do Curso de Acompanhamento da Reflexão Pedagógica*. São Paulo: Espaço Pedagógico, 2001-2002.

FREIRE, Paulo Reglus Neves. *Um primeiro olhar sobre o projeto*. Cadernos de Formação. São Paulo: Prefeitura Municipal, 1989. (Gestão Luisa Erundina de Sousa).

_____. *Pedagogia da autonomia:* saberes necessários à prática educativa. São Paulo: Cortez, 1996.

GALVÃO, Izabel. *Henri Wallon:* uma concepção dialética do desenvolvimento infantil. São Paulo: Vozes, 1995.

GAMBETTI, Amélia. Comunicação oral. *Seminário RedSolare*, Argentina, 2010.

GARCIA, Carlos Marcelo. *Formação de professores*. Para uma mudança educativa. Portugal: Editora Porto, 1999.

GARDNER, Howard. *Inteligências múltiplas*. A teoria na prática. Porto Alegre: Artes Médicas, 1995.

GARRIDO, Elsa. *Pesquisa Universidade-Escola e desenvolvimento profissional do professor.* Tese (Livre-Docência). São Paulo, 2000. Universidade de São Paulo.

GERALDI, Corinta Maria Grisolia; FIORENTINI, Dário; PEREIRA, Elisabete Monteiro de A. (org.). *Cartografias do trabalho docente*. Campinas: Mercado de Letras, 1998.

GERALDI, João Wanderley. *Portos de passagem*. São Paulo: Martins Fontes, 1997.

HERNÁNDEZ, Fernando; VENTURA, Montserrat. *A organização do currículo por projetos de trabalho*. Porto Alegre: Artes Médicas, 1998.

HOYUELLOS, Alfredo. *A estética no pensamento e na obra pedagógica de Loris Malaguzzi*. São Paulo: Phorte, 2020.

_____. *A ética no pensamento e na obra pedagógica de Loris Malaguzzi*. São Paulo: Editora Phorte, 2021.

JAKOBSON, Roman. *Ensayos de linguística aplicada*. Barcelona: Seix Barral, 1975.

JAPIASSÚ, Hilton. *Interdisciplinaridade e patologia do saber.* Rio de Janeiro: Imago, 1976.

JUNQUEIRA FILHO, Gabriel de Andrade. *Interdisciplinaridade na pré--escola*. São Paulo: Pioneira, 1994.

KAMII, Constance. *Piaget para a educação pré-escolar*. Porto Alegre: Artes Médicas, 1991.

KATZ, Lilian; CHARD, Sylvia. *A abordagem de projecto na educação de infância*. Lisboa: Fundação Calouste Golbenkian, 1997.

LARROSA, Jorge. Notas sobre a experiência e o saber da experiência. *Revista Brasileira de Educação*, jan.-abr. 2002, nº 19. Disponível em: <https://www.scielo.br/j/rbedu/a/Ycc5QDzZKcYVspCNsp-ZVDxC/?lang=pt&format=pdf>. Acesso em: 8 ago. 2021.

LÉVY, Pierre. *As tecnologias da inteligência:* o futuro do pensamento na era da informática. São Paulo: Editora 34, 1997.

_____. Anotações da palestra "Semiótica e Educação", Espaço Itaú, maio de 1998.

LIMA, Elvira Souza. Anotações do curso "Memória e Antropologia", Espaço Pedagógico, ago.-out., 1998a.

_____. "Ciclos de formação – uma reorganização do tempo escolar". GEDH: Grupo de Estudos do Desenvolvimento Humano, 1998b. (Mimeografado).

LIMA, Lauro de Oliveira. *Para que servem as escolas?* São Paulo: Vozes, 1996.

LUCAS, Josimas Geraldo. *A teoria na formação do educador*: análise dos "grupos de formação permanente" de professores da Secretaria Municipal de Educação de São Paulo. Dissertação (Mestrado). São Paulo, 1992. Pontifícia Universidade Católica de São Paulo.

LURIA, Alexander R.; YUDOVICH, F. Ia. *Speech and development of mental processes in the child*. Baltimore: Penguin, 1971.

MACHADO, Antonio. *Campos de Castilla*. Madri: Cátedra, 2006.

MACHADO, Nílson José. *Cidadania e educação*. São Paulo: Escrituras Editora, 1997.

MALAGUZZI, Loris. *La educación infantil en Reggio Emilia*. Barcelona: Octaedro e Mestre Rosa Sensat, 2001.

MARIN, Alda Junqueira (org.). *Educação continuada*. Campinas: Papirus, 2000.

MARTINS, Mirian Celeste. *Arte, o seu encantamento e o seu trabalho na educação de educadores*. A celebração de metamorfoses da cigarra e da formiga. São Paulo, 1999. Tese (Doutorado). Faculdade de Educação da Universidade de São Paulo.

MELLO, Suely; BARBOSA, Maria Carmen; FARIA, Ana Lucia Goulart. *Documentação Pedagógica*: teoria e prática. São Carlos: Pedro & João Editores, 2017.

MORELLI, Bia. *Professor autor*: tecendo um perfil. São Paulo: Espaço Pedagógico, 2001. Monografia final do Curso de Formação de Educadores.

NÓVOA, Antonio. *Vidas de professores*. Portugal: Editora Porto, 1992a.

_____ (coord.). *Os professores e a sua formação*. Lisboa: Dom Quixote, 1992b.

_____. *Profissão professor*. Portugal: Editora Porto, 1995.

_____. "Em busca das pequenas utopias". Entrevista ao *Jornal Escola Agora*, junho de 1996.

PERRENOUD, Philippe. A formação de professores: complexidade, profissionalização e processo clínico. In: *Práticas pedagógicas*. Profissão docente e formação. Perspectivas sociológicas. Lisboa: Dom Quixote, 1993.

_____. *Construir as competências desde a escola*. Porto Alegre: Artes Médicas, 1999.

_____. *10 competências para ensinar*. Porto Alegre: Artmed, 2000.

PIAGET, Jean. *A psicologia da inteligência*. São Paulo: Vozes, 2013.

PIMENTA, Selma Garrido. *Saberes pedagógicos e atividade docente*. São Paulo: Cortez, 1999.

PIMENTEL, Maria da Glória. *O professor em construção*. Campinas: Papirus, 1994.

PROENÇA, Maria Alice. *O registro reflexivo na formação contínua de educadores*: tessituras da memória na construção da autoria. "Amarcord". Dissertação (Mestrado). São Paulo, 2003. Faculdade de Educação da Universidade de São Paulo.

_____. *Prática docente*. A abordagem de Reggio Emilia e o trabalho com projetos, portfólios e redes formativas. São Paulo: Panda Educação, 2018.

REVISTA *Educação & Sociedade*. CEDES, nº 68 – número especial. Formação de profissionais da educação. Políticas e tendências. Campinas: Unicamp, 1999.

RINALDI, Carla. *Diálogos com Reggio Emilia*. Escutar, investigar e aprender. São Paulo: Paz e Terra, 2012.

SCARPA, Regina. *Era assim, agora não*. São Paulo: Casa do Psicólogo, 1998.

SCHÖN, Donald. *Educando o profissional reflexivo*. Porto Alegre: Artmed, 2000.

SERBINO, Raquel Volpato et al. (org.). *Formação de professores*. São Paulo: UNESP, 1998.

SKÁRMETA, Antonio. *O carteiro e o poeta*. Rio de Janeiro: Record, 1998.

SORDI, Mara Regina; CAMARGO, Alzira Leite. A formação do professor em situação de trabalho e o papel da universidade: competência aliada à produção (texto). *Educação On Line*, 2002. Disponível em: <www.educacaoonline.org.br>. Acesso em: 13 set. 2003.

SOUZA, Gláucia de. *Tecelina*. Porto Alegre: Editora Projeto, 2002.

THIOLLENT, Michel. *Metodologia da pesquisa-ação*. São Paulo: Cortez, 2000.

VYGOTSKY, Levy. *A formação social da mente*. São Paulo: Martins Fontes, 1989.

WAJSKOP, Gisela; ABRAMOWICZ, Anete. *Creches:* atividades para crianças de zero a seis anos. São Paulo: Moderna, 1995.

WALLON, Henri. *O papel do outro na consciência do eu*. São Paulo: Ática, 1946.

WARSCHAUER, Cecília. *A roda e o registro*. São Paulo: Paz e Terra, 1993.

_____. *Rodas em rede*: oportunidades formativas na escola e fora dela. Tese (Doutorado). São Paulo, 2000. Faculdade de Educação da Universidade de São Paulo.

YINGER, Robert J.; CLARK, Christopher M. *Using personal documents to study teacher thinking*. Paper (ocasional serie, nº 84) I. R. T., Michigan State University, East Lansing, Michigan, 1985.

ZABALA, Antoni. *A prática educativa:* como ensinar. Porto Alegre: Artes Médicas, 1998.

ZABALZA, Miguel Ángel. *Diários de aula*: contributo para o estudo dos dilemas práticos dos professores. Porto: Editora Porto, 1994.

ZEICHNER, Kenneth M. *A formação reflexiva de professores*: ideias e práticas. Lisboa: Educa, 1993.